우리 아이 수학
반드시 잘하게 됩니다

**우리 아이 수학 반드시 잘하게 됩니다**
ⓒ 임가은

**초판 1쇄 인쇄** 2025년 8월 27일
**초판 1쇄 발행** 2025년 9월 10일

**지은이** 임가은
**펴낸이** 박지혜

**기획.편집** 박지혜
**디자인** 디스커버
**제작** 제이오

**펴낸곳** ㈜멀리깊이
**출판등록** 2020년 6월 1일 제406-2020-000057호
**주소** 10881 경기도 파주시 회동길 37-20, 202호
**전자우편** murly@murlybooks.co.kr
**전화** 070-4234-3241 | **팩스** 031-955-0601
**인스타그램** @murly_books

ISBN 979-11-91439-67-0 13590

* 이 책의 판권은 지은이와 (주)멀리깊이에 있습니다.
* 이 책 내용의 전부 또는 일부를 재사용하려면 반드시 양측의 서면 동의를 받아야 합니다.
* 잘못된 책은 구입하신 서점에서 교환해드립니다.

# 우리 아이 수학 반드시 잘하게 됩니다

4~7세, 엄마가 만드는 수학 자신감

임가은 지음

멀리김이

**프롤로그**

# 다시 수학 앞에 선 엄마에게

"엄마! 곧은 선이랑 굽은 선이 뭐야?"

"곧은 선은 대나무처럼 쭉쭉 뻗어나가는 선이고, 굽은 선은 나무가 태풍을 만나 옆으로 휘어졌을 때처럼 보이는 선이야."

"근데 이걸 도대체 왜 구분해야 해?"

신나게 스케치북에 곧은 대나무와 휘어진 나무 그림을 그려주며 뜻을 설명하던 나는, 아이의 질문에 말문이 턱 막혔다. '이걸 왜 구분해야 하는지 묻는 아이의 말에, 선뜻 대답이 떠오르지 않았다. 머릿속에서는 '곧은 선과 굽은 선을 알아야 도형의 기본 구성 요소를 알게 되고, 그래야 심화 개념도 이해할 수 있지! 나중에 문제 풀 때 다 도움이 되니까 꼭 알아야 해!'라고 외치고 있었지만, 입이 떨어지지 않았다. 아이에게는 그런 설명이 도무지 설득력이 없을 것이 분명했기 때문이다.

나 역시 아이와 비슷한 생각을 학창 시절 내내 품고 있었다. '도대체 이걸 왜 공부해야 하지? 이걸 왜 이렇게까지 알아야 하지? 사회에 나가서 내가 함수를 쓸 일이 있을까?' 같은 의문 말이다. 나는 친구 중 누구보다 수학 문제집을 가장 많이, 열심히 푸는 아이였다. 하지만 내게 수학은 단 한 번도 알고 싶어서 공부하는 영역이 아니었다. 언제나 해야 해서 공부하는 영역이었다. 그래서였을까. 수학은 마치 등산 장비를 잔뜩 이고 지고 넘어야 할 거대한 산처럼 느껴졌다. 산을 넘다가 찬 바람을 맞으며 야영도 하고, 굴러떨어졌다가도 다시 오르려면 도구가 필요했다. 최소한 중간 높이 이상의 산은 넘어야 대학이라는 선택지가 넓어졌기 때문이다. 그때 내게 유일한 등산 장비는 다양한 유형의 수학 문제집뿐이었다. '산을 오를 방법은 문제집밖에 없다.'는 생각으로, 나는 그저 꾸역꾸역 견뎠다. 그렇게 성인이 된 후, 드디어 수학에서 해방되었다는 사실이 눈물겹도록 기뻤다.

실제로 사회에 나와 보니 복잡한 수학적 지식이 필요한 일은 거의 없었다. '돈 계산만 제대로 할 줄 알면 된다.'는 어른들의 옛말이 틀리지 않았다고 생각하기도 했다. 나는 무엇을 위해 그토록 오랜 시간 수학에 매달렸는지 허무했다. 그런데 직장 생활을 하며, 특히 아이들을 가르치면서 수학이 필요한 순간을 자주 마주했다. 수학을 배우는 입장이 아니라 누군가에게 알려주는 입장이 되고 나서야, 나는 비로소 수학을 왜 배우는지를 깨달았다.

수학은 단순히 계산 능력만을 다루는 학문이 아니다. 아이들은 수학을 통해 자신의 일상생활을 더 잘 영위하고, 조금 더 행복해지는 방법을 배우게 된다. 수학은 수학적 사고를 기반으로 한다. 수학적 사고란, 어떤 문제를 분석하고 체계적으로 해결하는 능력을 말한다. 놀이동산에서 어떤 놀이기구를 먼저 탈지 결정할 때, 대기 시간과 내가 느낄 재미를 비교해 우선순위를 세우는 것도 수학적 사고다. 레고 블록으로 만들고 싶은 모양을 구상하며 필요한 블록 개수를 어림하는 것도 마찬가지다. 이처럼 수학적 사고는 아이들의 일상생활 속 곳곳에 자연스럽게 스며들어 있다. 이런 깨달음은 비단 교사만이 얻을 수 있는 것일까?

우리는 엄마가 되는 순간부터 아이의 첫 번째 교육자가 된다. 다시는 볼 일 없을 줄 알았던 수학을, 아이에게 알려주며 다시 만나게 된다. 그런데 신기하게도 이때 마주하는 수학은 예전에 알던 수학과 같지 않다. '예전엔 그렇게 어려웠던 개념이, 생각보다 쉽게 이해되네?'라는 경험을 한 번쯤은 해봤을 것이다. 왜 그럴까? 수학을 보는 관점이 넓어졌기 때문이다. 예전에는 수학 개념을 나무 한 그루처럼 개별적으로 접했다면, 이제는 숲 전체를 바라보는 시야가 생겼다. 이전에는 나눗셈을 단순히 "12 나누기 3은 4"라고 계산했다면, 이제는 뺄셈과 연결해서 "12에서 3을 몇 번 빼야 0이 될까?"라고도 사고할 수 있는 눈이 생긴 것이다.

학생의 눈높이가 아닌 교육의 풍파를 한 차례 겪어본 어른의 시선으로 수학을 다시 바라보게 되면, '까짓거, 내가 한 번 우리 아이 가르쳐볼까?' 하는 마음이 들게 된다. 특히, 4~7세 아이가 처음 만나는 수학은 엄마가 첫 번째 교육자가 되기에도 안성맞춤이다. 수 개념이나 모양 구분, 간단한 덧셈과 뺄셈 등 이해가 쉽고 놀이를 통해 가르칠 수도 있는 수준이기 때문이다.

사랑은 참 신기하게도 많은 것을 바꿔놓는다. 수학 사교육에 쏟는 비용이 매해 기록을 경신하고 있다는 사실만 봐도 그렇다. 매달 수학 학원비를 결제하는 일이 부담스럽지 않은 집은 거의 없을 것이다. 하지만 우리는 기꺼이 그 선택을 한다. 아이의 성장보다 중요한 가치는 없기에 나의 행복보다 학원에 우선순위를 두는 것이다.

그런데 가끔은 이런 의문이 들기도 한다. 아이가 수학을 나처럼 어렵고 버거운 경험으로 받아들이게 되는 게 과연 옳은 일일까? 아이에게 수학이라는 산을 오르는 유일한 방법이 문제집뿐이라는 사실을 알려주는 게 맞는 일일까?

우리는 아이에게 '놀이'를 통해 수학을 알려줄 수 있는 첫 번째 교육자다. 엄마가 어린 시절 내게 해준 말 중 가장 기억에 남는 말이 있다. 5 더하기 7

이 어려워 책상 밑에 손가락을 숨겨서 계산하고 있던 나에게, "가은아, 손가락으로 셈을 하는 건 부끄러운 일이 아니야."라고 말씀해 주셨던 일이다. 그때부터 책상 밑에서 꿈지럭거렸던 손이 더는 부끄럽지 않았다. 머리로 빠르게 암산하는 것이 정답이 아니라는 걸, 내가 가장 신뢰하는 우리 엄마가 직접 말해 줬기 때문이다.

유아기 아이에게 엄마는 매일 만나는 우주의 축소판이다. 그래서 이 시기의 아이에게 엄마가 건네는 말, 함께해 보는 경험은 무엇보다 큰 힘을 가진다. 이때야말로 엄마가 아이에게 수학은 정답을 맞히는 학문이 아니라, 과정을 스스로 찾아가는 학문이라는 것을 알려줄 수 있다. '5+7=12'라는 정답을 빨리 말하는 것보다, 그 답에 이르기까지 자신만의 방법을 찾아가는 과정이 훨씬 더 멋진 일이라는 걸 알려줄 수 있다.

이런 경험을 통해 우리는 아이와 소중한 추억을 쌓고, 긍정적인 수학 정서를 함께 만들어 갈 수 있다고 믿는다. 앞으로 아이가 수학이라는 산을 오르는 길이 늘 순탄하지만은 않을 것이다. 찬 바람을 맞으며 야영해야 할 때도 있을 것이고, 발을 헛디뎌 굴러떨어질 수도 있다. 그때 아이를 다시 일으키는 건 엄마와 반복적으로 쌓은 성취의 경험일 것이다.

나 역시 두 아이와 수학공부를 시작하고 나서야, 그동안 어렵기만 했던 수학과는 사뭇 다른 수학을 만나게 됐다. 아이도 나도 함께 즐거울 수 있는 제대로 된 방법을 알게 되었기 때문이다. '우·수·반'\*의 주인공은 어쩌면 엄마일지도 모르겠다. 알려주는 사람이 즐거우면 배우는 사람도 즐거울 수밖에 없다. 수학이 즐거워지면 어떻게 될까? 저절로 잘하게 된다.

---

\* 이 책의 제목 《우리 아이 수학 반드시 잘하게 됩니다》를 줄여서 '우·수·반'이라 불러 보자.

엄마표 수학은 가르치는 것보다는, 마음먹기가 어렵다. 그 어려운 마음을 품고 이 책을 펼친 엄마들을 위해, 수학이 벅차지 않도록 최대한 쉽게, 되도록 구체적으로 전달하려고 노력했다. 아이를 사랑하는 마음으로 기꺼이 수학을 시작하려는 모든 엄마를 진심으로 응원한다.

여름의 중심에서
임가은 드림

**목차**

**프롤로그** 다시 수학 앞에 선 엄마에게　　5

## 1장　좋아하는 아이가 결국 잘하게 됩니다

엄마보다 괴로운 사람은 아이입니다　　16
사교육 전문가보다 내 아이를 잘 아는 유일한 사람　　21
우·수·반, 이렇게 활용하세요　　25

## 2장 수와 연산: 숫자에 강한 아이로 키우는 수 개념 놀이

1. 9까지의 수는 수학의 세계로 가는 첫걸음 … 32
2. 가르기와 모으기는 덧셈과 뺄셈으로 가는 징검다리 … 41
3. 십의 보수는 받아올림과 받아내림의 숨은 조력자 … 52
4. 세 가지 수 세기가 키워주는 우리 아이 수 감각 … 60
5. 100까지의 수는 자릿값 이해의 내비게이션 … 69
6. 수에도 짝꿍이 있을까? 홀수와 짝수의 숨은 비밀 … 77
7. 하나씩? 아니면 묶어서? 쉽게 배우는 두 자리 수 … 89
8. 한 자리 수 덧셈과 뺄셈은 기초 연산 능력의 뿌리 … 100
9. 두 자리 수 덧셈과 뺄셈은 받아올림과 받아내림의 확장판 … 110
10. 덧셈이 반복되면 곱셈 … 131
11. 어려운 기호보다 쉬운 경험으로 접근하는 나눗셈 … 139

**3장 변화와 관계:
논리에 강한 아이로 키우는 규칙성 놀이**

1. 색깔 패턴으로 추론 능력을 익혀라! 158
2. 모양 패턴으로 논리 능력을 잡아라! 164
3. 숫자 패턴으로 예측 능력을 키워라! 170
4. 복잡한 모양 패턴으로 함수의 기초 능력을 다져라! 180

**4장 도형과 측정:
구조에 강한 아이로 키우는 감각놀이**

1. 보고, 만지고, 그리며 만나는 첫 번째 평면도형 190
2. 도형 쌓기 놀이로 배우는 공간 감각의 첫걸음 197
3. 밀고, 돌리고, 뒤집으며 익히는 도형의 이동 205
4. 눈으로만 보면 안 돼! 무게 재기로 키우는 측정 능력 216
5. 시간은 흐르는 것! 직접 느껴보는 정각과 30분 224
6. 임의 단위는 수학적 호기심의 지름길 235

## 5장 자료와 가능성: 데이터를 읽는 아이로 키우는 사고력 놀이

1. 색 분류 활동, 자료 정리의 시작! ……………………………… 250
2. 기준은 하나가 아니야! 공통점을 찾아 해결하는 힘 ……… 257
3. 복잡한 문제가 한 눈에 정리되는 표와 그래프 …………… 265

## 6장 우·수·반을 완성하는 세 가지 키워드: 마인드, 문제집, 동화책

1. 우수반을 100퍼센트 활용하는 엄마의 마인드 세 가지 … 280
2. 수학 문제집? 알고 활용하면 100퍼센트의 아군 ………… 285
3. 수 영역별 수학 절친 동화 리스트 ………………………… 291

**에필로그** 좋아하는 마음 하나면 충분합니다 ………………… 302
**부록** 임가은표 우·수·반 수학꾸러미 ……………………………… 305

# 1장
# 좋아하는 아이가 결국 잘하게 됩니다

# 엄마보다
# 괴로운 사람은 아이입니다

"세민아, 그만 좀 앉자!"

참다못해 아이에게 소리를 질렀다. 수학시간이 시작된 지 20분이나 지났지만, 세민이는 여전히 사물함 앞에서 꼼짝도 하지 않았다. 가슴이 답답해 숨이 턱턱 막히는 기분이었다. 하지만 수학이 하기 싫은 아이에게 화를 낸다고 해서 달라질 것은 없었다. 세민이는 마치 발바닥에 시멘트를 바른 듯 굳건히 서서 더는 움직이지 않겠다는 표정만 짓고 있었다.

초등학교에서 나름 산전수전을 다 겪은 6학년 세민이는, 분명 수포자였다. 수학시간이 되면 사물함으로 책을 가지러 가서는 그 자리에 붙박이처럼 서 있곤 했다. 어떤 날은 수학책을 손에 든 채 그대로 서 있다가, 쉬는 시간이 5분쯤 남았을 때에야 겨우 자리에 앉기도 했다. 또 어떤 날은 아예 자리에 앉지도 않은 채 수업이 끝나기도 했다.

특수교육을 전공한 나는 대체로 느린 학습자를 가르친다. 혹시 내가 가르치는 아이들의 특성 때문에 유독 집중을 못하는 게 아니냐고 묻고 싶을 수 있다. 하지만 단언컨대 그렇지 않다. 아이가 어떤 특성을 지녔든, 날 때부터 수학이 좋아 신나게 공부하는 아이는 없다. 그렇다고 수학을 못하고 싶은 아이도 없다. 수포자가 되기를 스스로 선택하는 아이가 없는 이유는 무척 단순하다. 수학은 주지 교과 중 하나로, 수업 시수가 가장 많은 과목이다. 초등학교에서는 수학과 국어를 하루 한 시간, 많게는 두 시간씩, 5일 내내 반복해서 배운다. 바꾸어 말하면, 그만큼 아이가 수학을 견뎌야 하는 시간이 길다는 뜻이다. 어느 누가 이 긴 시간을 그저 참고 견디기만 하고 싶겠는가.

### ◆ 수포자가 되는 것도 용기가 필요한 일

수학시간에 엎드려 있는 아이들의 경우, 단순히 졸려서 엎드리는 게 아니라 일종의 방어기제가 발동된 것이다. "제발 제게 문제풀이를 시키지 마세요. 저는 이미 수학을 포기했어요."라는 무언의 표현이다. 초등학교 때부터 이렇게 엎드리는 이이는, 중·고등학교에 가서도 같은 행동을 반복할 가능성이 높다.

더 큰 문제는, 엄마들 역시 유치원 시기부터 "혹시 우리 아이가 수포자가 되진 않을까?" 걱정하며 노심초사한다는 것이다. 수학을 싫어하는 아이 때문에 환장하겠다는 말도 쓴다. 하지만 엄정하게 생각해 보자. 수학시간을 견뎌야 하는 당사자는 누구일까? 엄마가 아닌 아이다. 그 오랜 시간을 오롯이 견뎌야 하는 아이야말로 환장할 노릇이다. 그래서 아이는 매일 고민한다. "오늘은 뭐하면서 수학시간을 때우지?", "책상에 엎드려 있을까, 교과서에 낙서를 할까?"

이런 행동을 하는 아이들은 대체로 교사에게 지적도 받기 마련이다. 교사의 지적을 자주 받다 보면, 또래 관계에도 미묘한 부정적 기류가 생긴다. 또래 사이에서 인정받으며 자라나는 '또래 효능감'을 얻을 기회까지 줄어든다. 단지 수학을 포기했을 뿐인데, 아이에게는 학교생활 전체가 버거워진다. 조용히 책상에 엎드려 있었을 뿐인데도, 아이의 어깨에는 돌덩이 같은 짐이 하나씩 더해진다.

이쯤 되면 '수학을 잘하고 싶지 않은 아이는 없다.'는 말이 진심으로 와닿을 것이다. 수학을 못하는 게 손해라는 걸 모르는 아이는 없다. 다만 너무 어렵고, 자주 지적받고, 반복해서 실패하기 때문에 포기하는 것이다. 그렇기에 수포자가 되는 것도, 어쩌면 아이에게 큰 용기가 필요한 일이다.

### ◆ 닦달하는 대신, 아이를 힘차게 끌어안을 방법을 찾자

쉬는 시간이 10분밖에 남지 않은 상황에서, 사물함 앞에 서서 나와 대치 중인 세민이를 바라보니, 수포자라는 선택을 할 수밖에 없었을 아이가 문득 안쓰러웠다. 내가 보지 못한 시간 동안 아이가 홀로 견뎠을 시간이 층층이 겹쳐 보였다. '오죽하면 사물함 앞에서 저렇게 꼼짝도 하지 않고 서 있을까. 어휴, 저 마음도 타들어 가겠네….'라는 마음이 들자, 활활 솟구치던 화가 절로 가라앉았다.

"세민아. 너도 진짜 힘들지? 사물함 앞에서 오래 서 있는 것도 보통 일이 아니잖아."

내내 고개를 숙이고 있던 세민이가 어깨를 살짝 움찔했다.

"오늘 수학 진도 안 나갈 거야. 그 대신 선생님이랑 진짜 재밌는 거 하자. 해 보고 재미없으면, 굳이 안 해도 돼."

세민이는 머뭇거리다 이내 자리에 앉았다. 나는 그날 진도와 관련된 분수 보드게임을 꺼냈다. 게임 설명서대로 하면 세민이에겐 벅찰 것이 분명했기에, 애써 자리에 앉은 세민이가 민들레 홀씨처럼 달아나 버리기 전에 아이의 수준에 맞게 게임 규칙을 변경해서 설명했다.

　처음에는 조심스럽게 움직이던 세민이는 한 판을 끝내고 나니 할 만하다고 느꼈던 모양이다. 두 번째 판부터는 자신감을 보이더니, 어느새 몰입하기 시작했다. 쉬는 시간이 끝나는 종이 울릴 때까지 세민이는 보드게임에 푹 빠져 있었다.

　"선생님, 우리 다음 시간에 또 수학 게임 해요!"

　수포자는 단 한 순간에 생기지 않는다. 아이의 좌절이 반복되고, 학습에 대한 무기력이 차곡차곡 쌓이다가 마침내 '나는 해 봤자 안 될 거야.'라는 선고를 스스로 내리게 된다. 그 마음이 자리 잡는 순간, 수포자는 탄생한다.

　우리는 종종 과정이 아닌 결과만을 바라본다. 이제는 '수포자'라는 단어를 결과가 아닌, 아이가 지나온 과정에서 살펴보아야 한다. 수포자가 된 아이를 들들 볶는다고 해서 해결되는 것은 없다. 마음이 닫힌 아이를 설득할 수 있는 방법은 생각보다 많지 않다.

　대신 수포자가 되기까지 엄마가 미처 보지 못한 시간 속에서 아이가 혼자 견뎌야 했을 답답함과 따가운 눈초리를 상상해 보자. 그래야 비로소 다른 방식으로 아이를 감싸 안을 힘이 생긴다. 수포자 상태에서 탈출한다는 것은 단순히 수학을 잘하게 되는 일만을 의미하지 않는다. 아이가 건강한 성인으로 성장하기 위해 겪어야 할 수많은 문제를 정면으로 마주하고 이겨내는 연습을 시키는 일이기도 하다.

　그렇다면 부모는 어떻게 아이의 수학공부를 도울 수 있을까? 아이를 새로운 방식으로 감싸 안는 길은 무엇일까? 이 책은 바로 그런 고민에서 시작되었다. 영유아기부터 부모가 아이와 함께 쌓아 갈 수 있는 수학 정서를 소개하며, 아이가 수학 개념에 자연스럽게 다가설 수 있는 가장 효과적인 방법들을 2장에서 5장에 걸쳐 구체적으로 제시했다. "어라? 이런 방법으로도 수학을 배울 수 있어?"라는 마음이 엄마와 아이, 모두에게 생기기를 바란다. 수학이라는 추상적인 세계를 구체적이고 친근하게 만나는 경험을 한 아이는, 수포자가 될 가능성이 현저히 낮아질 것이다.

# 사교육 전문가보다
# 내 아이를 잘 아는 유일한 사람

"어머님, 아이가 자신감이 많이 없네요. 이대로 가면 3학년 때 왕따 당합니다."

첫째가 1학년이었을 때, 태권도장 체험 수업 후 관장님과 상담하며 실제로 들은 말이다. 아이는 낯선 사람과 상황에 대한 경계심이 강한, 전형적인 안전 추구형이다. 태권도장은 아이가 처음 경험하는 새로운 환경이었고, 부모인 나는 충분히 잘해 냈다고 느꼈다. 그런데 관장님의 눈에는 달리 보였던 모양이다. "네!" 하고 우렁차게 대답해야 할 순간에, 아이는 들릴 듯 말 듯 의기소침한 목소리로 대답했으니 자신감이 없어 보였을 것이다. '내 아이가 왕따를 당할 수 있다.'라는 말을 듣고 마음이 철렁하지 않을 부모는 없을 것이다. 나 역시 순간 당황했다. 이처럼 사교육은 부모의 불안을 먹고 자란다. 하물며 태권도장에서조차 자신감 부족을 왕따와 연결 짓는다면, 수학 학원에서는 오죽하겠는가. 수학 학원 상담에서 가장 흔히 듣는 말도 비슷하다.

"어머님, 너무 늦으셨어요. 이렇게 가다간 나중에 큰일 납니다."

수십 년간 태권도장을 운영한 관장님에게 콕 집어 '3학년 정도쯤 왕따를 당할 아이'라는 말을 들었다면, 역시 수십 년간 수학 학원을 운영한 원장님에게 '훗날 수학 때문에 큰일이 날 아이'라는 말을 들었다면, 그 앞에서 기가 꺾이지 않을 부모가 어디 있을까? 많아야 두세 명의 아이를 키운 경험밖에 없는 부모로서는, 전문가의 말에 100퍼센트 무너질 수밖에 없다. 객관과 주관의 싸움으로 가도, 비전문가와 전문가의 대결로 가도, 부모는 질 수밖에 없다. 왜냐하면 그만 한 데이터가 없기 때문이다.

그럼에도 나는 마음을 다잡으려 노력했다. 내가 비록 태권도와 관련된 지식이나 정보가 부족할지 몰라도, 나는 우리 아이의 역사를 고스란히 알고 있는 엄마이기 때문이다. 내 아이의 미래를 왕따로, 큰일이 날 인생으로 정의 내리지 않을 믿음을 가진 유일한 사람이기 때문이다. 내가 내 아이의 미래를 믿지 않으면, 그 가능성을 보지 않으면, 어느 누가 우리 아이 편을 들어줄 수 있을까? 마음을 다잡고 관장님에게 이렇게 말씀드렸다.

"관장님, 아이에겐 적응할 시간이 필요합니다. 태권도장에 익숙해지고 나면 분명히 더 나은 모습을 보여 줄 거예요. 믿고 기다려 주시면 감사하겠습니다."

아이를 신뢰하는 나의 모습에 관장님은 바로 사과하셨고, 첫째는 지금 에이스라는 말을 들으며 누구보다 즐겁고 자신감 있게 태권도장에 다니고 있다.

### ◆ 수학에 대한 불안, '엄마의 믿음'으로 이겨냅니다

이런 일이 비단 태권도에만 적용될까? 수학에도 똑같이 적용해 볼 수 있다. 엄마의 믿음은 단순히 마음먹는다고 해서 어디선가 콸콸 솟아나지 않는다. 엄마도 객관적인 지표를 제대로 알아야 우리 아이가 결코 늦지 않았다는 것을, 방향을 제대로 잡으면 시간이 걸릴지라도 성장할 수 있다는 것을 믿을 수 있다.

 그렇다면 '제대로 안다'는 건 무엇일까. 수학은 개념을 명확히 이해해야 다음 단계로 넘어갈 수 있는 학문이다. 초등 교육과정은 모두 나선형으로 구성되어 있다. 나선형이란 달팽이껍데기 모양처럼 동일한 주제가 학년이 올라갈수록 점점 더 폭넓고 깊이 있게 반복하며 발전한다고 해서 붙여진 이름이다. 1학년 때 덧셈과 뺄셈을 배우고, 2학년 때 곱셈을 배우고, 3학년 때 나눗셈을 배우는 과정이 바로 나선형 교육과정의 한 예다. 나눗셈은 덧셈과 뺄셈이 명확하게 이해되지 않으면 나아갈 수 없는 상위개념이다. 이 과정에서 가장 중요한 것은 현재의 개념을 손실 없이 채우는 것이다. 제대로 안다는 건, 지금 배우는 내용을 명확하게 이해한다는 뜻이지, 선행을 많이 한다는 뜻이 아니다.

 그렇다면 현행을 손실 없이 채우려면 어떻게 해야 할까? 바로 교과서에 나와 있는 필수 개념을 명확히 이해해야 한다. 생각보다 많은 부모가 학년별로 풀어야 하는 필수 문제집이 무엇인지는 알고 있어도, 그 학년에서 꼭 성취해야 하는 필수 개념이 무엇인지 모르는 경우가 많다. 아이가 필수 개념을 제대로 숙지하고 있는지만 확인해도, 불안해할 필요가 없다. 필수 개념이 제대로 확립된 아이는, 다음 학년에 올라가서도 흔들리지 않기 때문이다.

 그런데 교과서에 나와 있는 필수 개념이 명확히 어떤 것인지 알기만 하면 문제가 해결될까? 아직 커다란 벽 하나가 남아 있다. 아이가 그 개념에 관심이 없고, 재미없다고 느끼고, 심지어 이해하기 싫다고 생각하는 것이다.

 이때 활용하기 가장 좋은 방법이 보드게임이다. 보드게임을 통해 '놀면서 익히는 수 개념'을 얻을 수 있다. 특히 유아기 아이들은 구체적인 사물을 보고 만지면서 개념을 머릿속에 그려 나가는 발달 특성을 보인다. 초등학교 3

학년까지도 이 특성은 여전히 유효하다. 문제집을 풀지 말라는 말이 아니다. 문제집을 풀기 전, 아이의 공부 자신감을 키우는 방법을 먼저 활용해 보자는 제안이다. 많은 부모가 보드게임의 좋은 점을 알고 있고, 흔쾌히 아이와 시간을 보내고 싶어 한다. 다만, 이를 수학 개념과 어떻게 연결해야 좋을지 모를 뿐이다.

이 책은 2022 개정 교육과정의 수 영역을 바탕으로, 보드게임으로 자연스럽게 교과서의 핵심 개념을 익히는 방법을 다양하게 제시한다. 집에 보드게임이 없어도 괜찮다. 실생활에서 흔히 접할 수 있는 사물을 이용해 개념을 설명할 수 있도록 안내한 것은 물론, 이 책에 들어 있는 '우·수·반 꾸러미'를 통해서 충분히 아이에게 설명할 수 있도록 제작했기 때문이다.

이 책을 통해 우리 아이가 필수적으로 알아야 할 교과서 핵심 개념이 무엇인지, 아이와 실랑이하지 않고 즐겁게 수학 개념에 도달하는 방법은 무엇인지 알게 되기를 바란다. 무엇보다 이 과정을 통해서 '내 아이의 미래를 함부로 단언하지 않을 힘'을 얻게 되기를 바란다.

"주관은 열등하고 객관은 우등한 것이 아니라, 모든 건 주관의 산물이다."

《에디토리얼 씽킹》의 저자 최혜진의 말처럼, 지금 내 아이가 다소 부족해 보여도 괜찮다. 객관적인 지표는 언제든 변할 수 있다. 중요한 것은, 나의 주관에 힘이 있다는 사실을 아는 것이다. 내 아이의 가능성을 믿어 주는 유일한 존재가 나임을 기억하자. 그 믿음이 흔들리지 않도록, 엄마도 제대로 아는 힘을 길러야 한다.

# 우·수·반,
## 이렇게 사용하세요

　엄마표 수학을 시작하는 연령대는 대체로 4~7세에 집중되어 있다. 굳이 '엄마표 수학'이라는 거창한 이름을 붙이지 않더라도, 많은 부모가 이 시기에 처음으로 아이의 수학 학습을 고민하기 시작한다. 왜 4~7세일까?

　이유는 간단하다. 엄마가 아이의 수학을 봐줄 만하다고 느끼는 시기이기 때문이다. 1부터 9까지의 수, 한 자리 수의 덧셈, 100까지의 수 알기 같은 기본 개념 정도는 엄마도 충분히 가르칠 수 있다고 느낀다. 하지만 막상 엄마표 수학을 진행하려고 보면 생각보다 쉽지 않다. 한 자리 수의 덧셈을 머리로는 충분히 이해하고 있더라도, 아이에게 가르치긴 어려운 이유가 있다.

　첫째, 엄마 역시 수학 개념을 명확하게 이해하고 있지 않기 때문이다.

　둘째, 문제집을 풀기 싫어하는 아이와 어떻게든 풀게 하려는 엄마 사이에 팽팽한 감정싸움이 벌어지기 때문이다.

　셋째, 내가 지금 제대로 가르치고 있는 것인지 확신할 수 없기 때문이다.

　이 세 가지는 나 역시 아이에게 수학을 가르치기 시작했을 때 느꼈던 어려움이다. 돌이켜 보면, 이 시기에 우리 아이가 수학을 '잘했으면' 하는 마음보다 '좋아했으면' 하는 마음이 더 컸다. 수학을 좋아하면 자주 찾게 되고, 자주 찾다 보면 결국 잘하게 되기 때문이다.

그렇다면 이 책에 소개된 놀이와 학습은 언제 시작해야 할까? 어떻게 활용해야 할까? 이 책 '우·수·반'은 기존의 책들과는 무엇이 다를까?

'우·수·반'은 한 활동당 일곱 개의 단계로 구성되어 있다.

### 단원명

1~2학년 최신 교육과정의 어떤 단원과 연계되어 있는지 명시했다. 유아기에 배우는 수학이라고 해서 초등 교육과정과 무관하지 않다. 학교에 입학하기 전, 손으로 만지고 느끼며 체득한 수학적 감각이 어떤 개념으로 확장될 수 있는지 살펴본다.

### 학습 목표 설명

엄마가 알아야 하는 수학 포인트를 간결하게 정리했다. 평소 오해하고 있던 개념은 어떤 것이고, 어떤 부분에 초점을 맞춰야 하는지 안내한다. 이를 통해 방향성을 가지고 수 놀이를 진행할 수 있다.

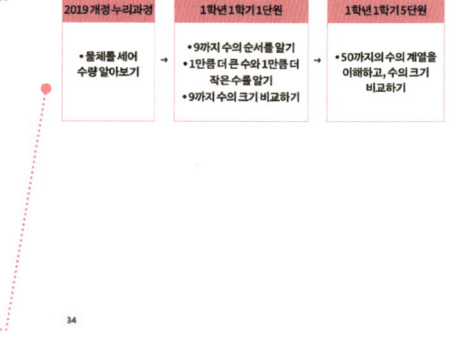

### 관련 교육과정 엿보기

초등 교육과정은 나선형으로 설계되어 있다. 같은 개념이 반복과 심화를 거쳐 쌓인다는 뜻이다. 오늘 배우는 활동이 이후에 어떤 과정으로 심화되는지 알 수 있다.

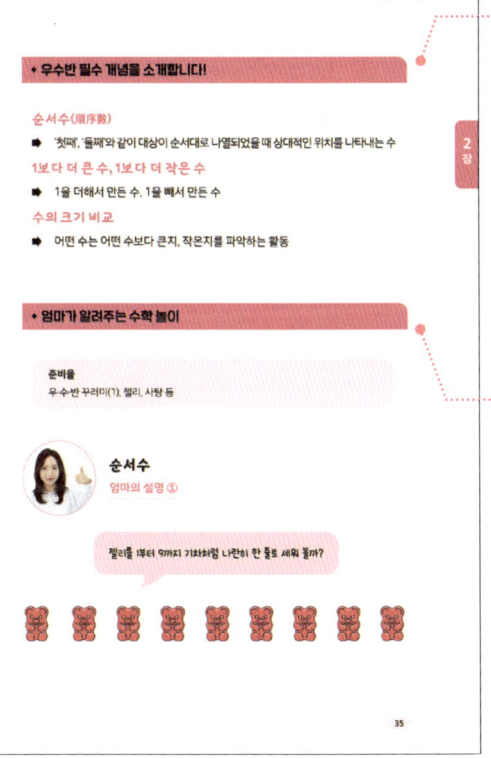

### 필수 수학 개념 소개

엄마인 우리가 불안한 이유는 아이에게 무엇을 가르쳐야 하는지 '정확히' 모르기 때문이다. '우·수·반' 활동을 통해 아이가 알아야 하는 수학 개념이 무엇인지 체크한다. 개념에 따른 어휘 설명도 함께 적어 두었다.

### 엄마가 알려주는 수학 놀이

이 파트는 '우·수·반'의 가장 큰 특징이다. 집에 있는 간단한 물건으로도 1~2학년 필수 개념에 도달할 수 있도록 쉽고 재밌는 활동을 안내했다. 부담 없이 시작할 수 있도록 놀이 방법과 엄마의 말하기 예시도 함께 정리했다. 보드게임은 개념 확장이나 연계가 필요할 때 선택해도 충분하다.

### 보드게임으로 수학 놀이

수학 보드게임은 놀이처럼 즐기면서 개념을 익힐 수 있고, 부모와 아이의 관계를 개선하는 매개체도 된다. '우·수·반'에서는 1~2학년 필수 개념에 도달할 수 있는 보드게임을 소개하고, 단순한 놀이를 넘어 교구로 재활용하는 방법에 집중했다. 놀이 중에는 적절한 질문이 중요하기에, 어떤 질문을 해야 할지 예시도 함께 담았다. 일회성이 아닌, 반복해서 활용할 수 있는 보드게임 사용법을 안내한다.

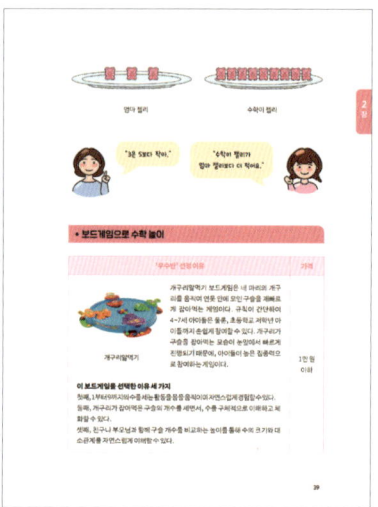

### 개념 마무리

활동을 마친 뒤 되짚어 봐야 하는 점을 적어 두었다. 아이와 엄마가 개념을 명확하게 이해하고 있는지 확인해 볼 수 있다.

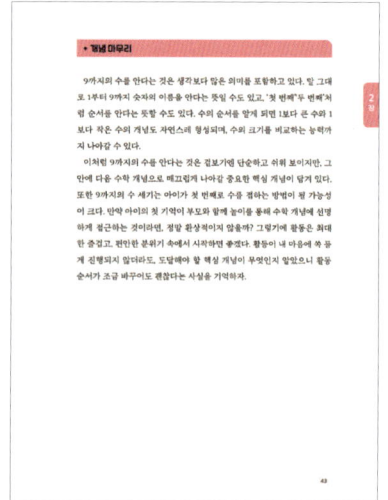

### 우·수·반꾸러미

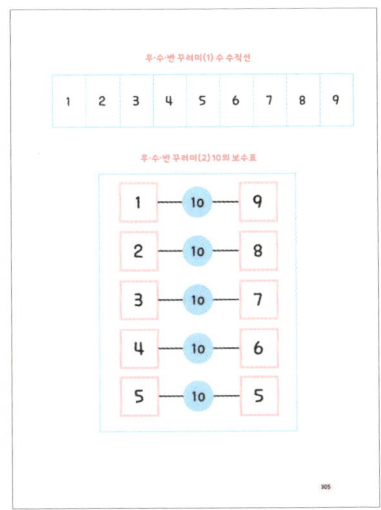

이 책을 최대한 친절하게 만들고자 했던 이유는, 우리 아이 수학 한번 가르쳐 보겠다고 마음먹은 엄마에게 준비 과정이 부담스럽지 않았으면 했기 때문이다. 육아만 하기에도 바쁜 시간을 쪼개어 아이와 함께 수학 놀이를 하려고 다짐한 엄마의 마음이 얼마나 귀한지 알기 때문이다. 좀처럼 내기 힘든 시간을 기꺼이 투자한 만큼, '놀이를 위해 이것까지 준비해야 하는 걸까?' 하는 마음이 없기를 바라는 마음으로 활동에 필요한 꾸러미를 준비했다. 꾸러미를 활용하면, 일일이 보드게임을 구입하지 않아도 '우·수·반'에 제시된 모든 활동을 아이와 할 수 있다.

모든 엄마는 아이가 수학을 잘하는 것에 앞서 좋아하길 진심으로 바란다. 내 아이가 수학을 좋아하게 만들 단 하나의 방법은 재밌게 익히는 것이다. 우선 집에 있는 간단한 재료와 책에 있는 우·수·반꾸러미를 활용하여 부담 없이 시작해 보자. 부담이 없어야 엄마도 즐겁다. 엄마에게 재밌으면, 아이에겐 당연히 재밌다. 재미를 느끼는 순간, 앞으로 아이가 걸어갈 수학의 길은 달라질 것이다.

# 2장
# 수와 연산:
# 숫자에 강한 아이로 키우는 수 개념 놀이

1학년 1학기 1단원 9까지의 수

# ① 9까지의 수는 수학의 세계로 가는 첫걸음

　9까지의 수를 안다는 건 무엇을 의미할까? 1~9까지의 수를 익히면, 아이들은 왼쪽으로 갈수록 수가 작아지거나 오른쪽으로 갈수록 수가 커지는 등의 순서를 말할 수 있게 된다. 1만큼 더 큰 수와 1만큼 더 작은 수를 비교할 수 있고, 더 나아가 순서를 수로 나타낼 수 있다. 이처럼 1에서 9까지의 수를 아는 것은, 아이들이 수의 세계로 즐겁게 발돋움하는 의미 있는 일이다. 9까지의 수를 재밌게 학습할 수 있는 최적의 '우·수·반' 코스를 준비했다.

| 2019 개정 누리과정 | 1학년 1학기 1단원 | 1학년 1학기 5단원 |
|---|---|---|
| • 물체를 세어 수량 알아보기 | • 9까지 수의 순서를 알기<br>• 1만큼 더 큰 수와 1만큼 더 작은 수를 알기<br>• 9까지 수의 크기 비교하기 | • 50까지의 수의 계열을 이해하고, 수의 크기 비교하기 |

### ◆ 우수반 필수 개념

**순서수(順序數)**
➡ '첫째', '둘째'와 같이 대상이 순서대로 나열되었을 때 상대적인 위치를 나타내는 수

**1만큼 더 큰 수, 1만큼 더 작은 수**
➡ 1을 더해서 만든 수, 1을 빼서 만든 수

**수의 크기 비교**
➡ 어떤 수가 어떤 수보다 큰지, 작은지를 파악하는 활동

### ◆ 엄마가 알려주는 수학 놀이

**준비물**
우·수·반 꾸러미(1), 젤리, 사탕 등

**순서수**
엄마의 설명 ①

> 젤리를 1부터 9까지 기차처럼 나란히 한 줄로 세워 볼까?

왼쪽에서 세 번째에 있는 젤리를 먹어 보자! 어떤 젤리를 먹으면 될까?

오른쪽에서 두 번째에 있는 젤리를 손가락으로 가리켜 볼래?

## 1만큼 더 큰 수, 1만큼 더 작은 수
**엄마의 설명 ① 우·수·반 꾸러미(1)**

젤리 5개를 기차처럼 나란히 한 줄로 세워 볼까?

     | 6 | 7 | 8 | 9 |

수학이(아이 이름)가 오른쪽에서 첫 번째에 있는 젤리 하나를 먹으면 몇 개가 남을까?
➡ 1만큼 작은 수

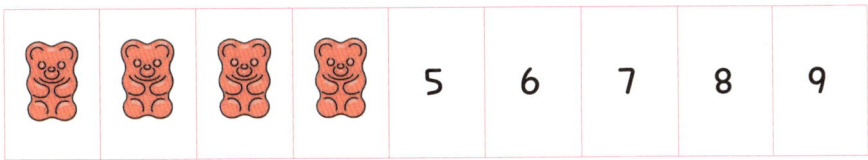

### 엄마의 설명 ② 우·수·반 꾸러미(1)

> 이번에는 젤리 6개를 기차처럼 나란히 한 줄로 세워 볼까?

> 엄마가 수학이에게 젤리 하나를 더 주면 모두 몇 개가 될까?
> 맨 오른쪽 젤리 옆에 놓아 보자!
> ➡ 1만큼 큰 수

*우·수·반꾸러미 위에 젤리나 사탕을 올려두어 1만큼 더 큰 수, 1만큼 더 작은 수를 직관적으로 보여줍니다.

## 수의 비교

**엄마의 설명 ①**

> 엄마와 수학이의 젤리가 각각 몇 개인지 세어 볼까?
> 누구 젤리가 더 많을까? 또 누가 더 적을까?

엄마 젤리

수학이 젤리

**엄마의 설명 ②**

> 누구 젤리가 더 많고 적은지 수학이와 엄마 이름을 넣어서 말해볼까?
> "수학이 젤리보다 엄마 젤리가 더 적어요." 또는
> "수학이는 엄마보다 젤리 수가 많아요."처럼 말해 볼래?

**엄마의 설명 ③**

> 이번에는 숫자를 넣어서 어떤 수가 더 크고 작은지 말해 보자.
> "3은 7보다 작아요." 또는 "7은 3보다 커요."와 같이 말해 볼까?

엄마 젤리

수학이 젤리

"3은 7보다 작아."

"수학이 젤리가 엄마 젤리보다 더 적어요."

## ◆ 보드게임으로 수학 놀이

| | '우·수·반' 선정 이유 | 가격 |
|---|---|---|
| <br>개구리알먹기 | 개구리알먹기 보드게임은 네 마리의 개구리를 움직여 연못 안에 모인 구슬을 재빠르게 잡아먹는 게임이다. 규칙이 간단하여 4~7세 아이들은 물론, 초등학교 저학년 아이들까지 손쉽게 참여할 수 있다. 개구리가 구슬을 잡아먹는 모습이 눈앞에서 빠르게 진행되기 때문에, 아이들이 높은 집중력으로 참여하는 게임이다. | 1만원 이하 |

**이 보드게임을 선택한 이유 세 가지**
첫째, 1부터 9까지의 수를 세는 활동을 몸을 움직이며 자연스럽게 경험할 수 있다.
둘째, 개구리가 잡아먹은 구슬의 개수를 세면서, 수를 구체적으로 이해하고 체화할 수 있다.
셋째, 친구나 부모님과 함께 구슬 개수를 비교하는 놀이를 통해 수의 크기와 대소관계를 자연스럽게 이해할 수 있다.

## 순서수
엄마의 설명 ①

> 개구리가 먹은 구슬을 모두 한 줄 기차처럼 늘어놓아 볼까?

> 세 번째 구슬은 무슨 색깔이야?

> 오른쪽에서 두 번째에 있는 구슬은 무슨 색깔이야?

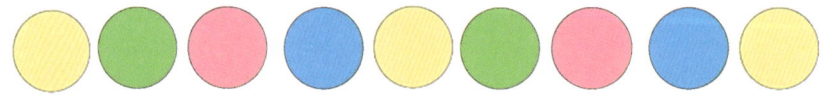

## 1만큼 더 큰 수, 1만큼 더 작은 수
엄마의 설명 ①

> 내가 잡은 개구리 구슬은 모두 몇 개일까? ➡ 전체 수 확인
> 연못에서 구슬 하나를 더 가져와 보자! ➡ 1만큼 더 큰 수 개념 제시
> 이제 구슬이 총 몇 개인지 함께 세어 볼까? ➡ 1만큼 더 큰 수 개념 학습

### 엄마의 설명 ②

내가 잡은 개구리 구슬은 모두 몇 개일까? ➡ 전체 수 확인
내가 잡은 개구리 구슬 하나를 연못에 돌려주자! ➡ 1만큼 더 작은 수 개념 제시
이제 구슬이 총 몇 개인지 함께 세어 볼까? ➡ 1만큼 더 작은 수 개념 학습

## 수의 비교

### 엄마의 설명 ①

엄마와 내가 잡은 개구리 구슬을 하나씩 세어 볼까?
누가 더 많이 잡았을까? 누가 더 적게 잡았을까?

### 엄마의 설명 ②

구슬에 수학이 이름과 엄마 이름을 붙여 같이 말해볼까?

"내 구슬은 엄마 구슬보다 많아요."
"엄마 구슬은 내 구슬보다 적어요."

**엄마의 설명 ③**

이번에는 숫자를 넣어서 같이 말해 볼까?

"5는 2보다 큽니다."
"1은 9보다 작습니다."

## ◆ 개념 마무리

　9까지의 수를 안다는 것은 생각보다 많은 의미를 포함하고 있다. 말 그대로 1부터 9까지 숫자의 이름을 안다는 뜻일 수도 있고, '첫 번째', '두 번째'처럼 순서를 안다는 뜻일 수도 있다. 수의 순서를 알게 되면 1만큼 큰 수와 1만큼 작은 수의 개념도 자연스레 형성되며, 수의 크기를 비교하는 능력까지 나아갈 수 있다.

　만약 아이의 첫 기억이 부모와 함께 놀이를 통해 수학 개념에 선명하게 접근하는 것이라면, 정말 환상적이지 않을까? 그렇기에 활동은 최대한 즐겁고, 편안한 분위기 속에서 시작하면 좋겠다. 활동이 내 마음에 쏙 들게 진행되지 않더라도, 도달해야 할 핵심 개념이 무엇인지 알았으니 활동 순서가 조금 바꾸어도 괜찮다는 사실을 기억하자.

1학년 1학기 3단원 덧셈과 뺄셈

## ② 가르기와 모으기는 덧셈과 뺄셈으로 가는 징검다리

   가르기와 모으기는 덧셈과 뺄셈을 학습하기 전에 반드시 익혀야 하는 가장 중요한 기초 개념이다. 가르기와 모으기 활동을 통해서 아이들은 덧셈과 뺄셈이 일어나는 다양한 상황을 자연스럽게 경험하게 된다.

   특히, 가르기와 모으기는 1학년 교과서에 처음 등장하는데, 교과서에는 주로 삽화 위주로 개념이 설명되어 있기에 아이에 따라서는 이해하는 데 어려움이 따를 수 있다. 입학 전 아이들과 구체물을 통해 수를 가르고 모아 보는 활동을 충분히 진행하는 것이 좋다.

   또한 가르기와 모으기는 받아올림이 있는 덧셈과 받아내림이 있는 뺄셈의 기초가 되기 때문에, 간단하다는 이유로 소홀히 지나쳐서는 안 된다.

| 1학년 1학기 1단원 | 1학년 1학기 3단원 | 1학년 1학기 5단원 |
|---|---|---|
| • 9까지의 수개념을 이해하고 수를 세고 읽고 쓰기 | • 9 이하 수의 합성과 분해하기<br>• 한 자리 수의 범위에서 덧셈과 뺄셈의 상황 인식하기 | • 20 이하의 수의 합성과 분해하기 |

## ◆ 우수반 필수 개념

### 가르기
➡ 하나의 수를 둘로 나누는 것

### 모으기
➡ 두 수를 하나의 수로 모으는 것

## ◆ 엄마가 알려주는 수학 놀이

**준비물**
스케치북, 젤리, 스티커, 도장

### 가르기
**엄마의 설명 ① 젤리를 활용할 때**

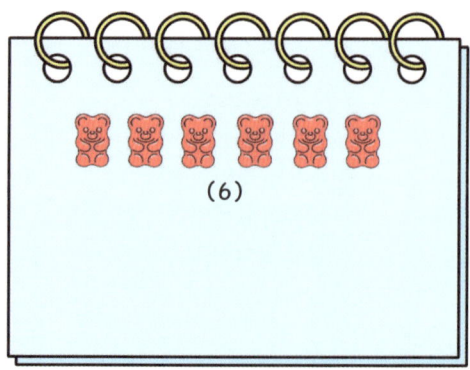

스케치북에 젤리 6개가 있지?
6은 어떤 숫자들이 모여 만들어진 걸까?
먼저 1과 짝이 되어 6이 되는 숫자를 찾아보자!
1과 5, 2와 4, 3과 3, 4와 2, 5와 1처럼 다양한 방법으로 숫자 6을 만들어 볼 수 있어!

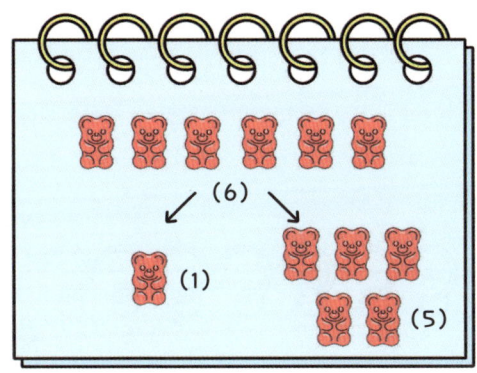

### 엄마의 설명 ② 스티커를 활용할 때

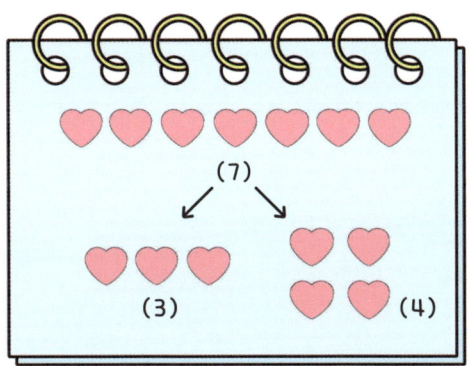

스케치북에 스티커 7개를 붙여볼까? 7이 되기 위해 어떤 숫자들이 힘을 합쳤을까?
엄마가 스티커 3개를 붙였다면 몇 개의 스티커를 더 붙여야 7이 될까?
1과 6, 2와 5, 3과 4, 4와 3, 5와 2, 6과 1처럼 다양한 방법으로 숫자 7을 만들어 볼 수 있어!

**엄마의 설명 ③ 도장을 활용할 때**

스케치북에 도장이 4개가 찍혀 있지? 4에는 몇 개의 숫자가 숨어 있을까?
엄마가 도장 2개를 찍었다면 4개를 만들기 위해 몇 개를 더 찍어야 할까?

이번에는 1와 3, 3과 1처럼 다양한 방법으로 도장을 찍어 보자!

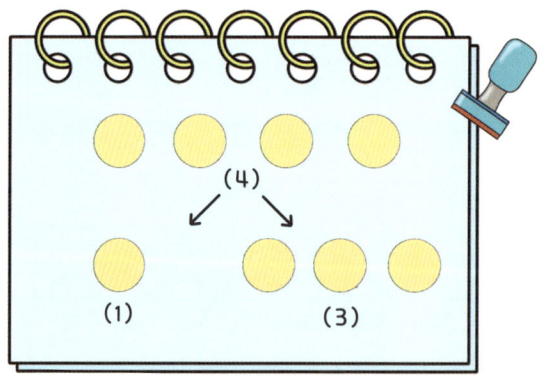

**모으기**
엄마의 설명 ① 젤리를 활용해서

이번에는 수학이 젤리와 엄마 젤리를 합쳐 볼까?
수학이가 원하는 만큼 가져가 볼래? 엄마에게는 4개가 있어! 수학이는 2개를 가지고 있네?

엄마와 수학이의 젤리가 모두 모이면? 하나의 숫자로 표현할 수 있네!

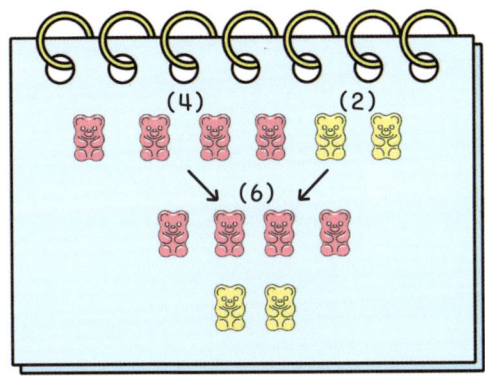

### 엄마의 설명 ② 스티커를 활용할 때

이번에는 스티커를 붙여 볼까?
엄마는 4개를 붙이고 싶어. 수학이는 몇 개를 붙여 볼 거야?

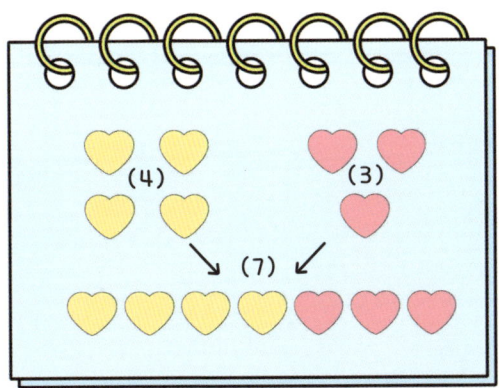

엄마와 수학이의 스티커 3개가 모두 모이면, 몇 개가 되지?

### 엄마의 설명 ③ 도장을 활용할 때

> 우리 이번에는 도장찍기 놀이해 볼까?
> 엄마는 도장 2개를 찍었다! 수학이는 몇 개를 찍어 보고 싶어?

> 엄마와 수학이의 도장 3개가 모두 모이면 몇 개가 될까?

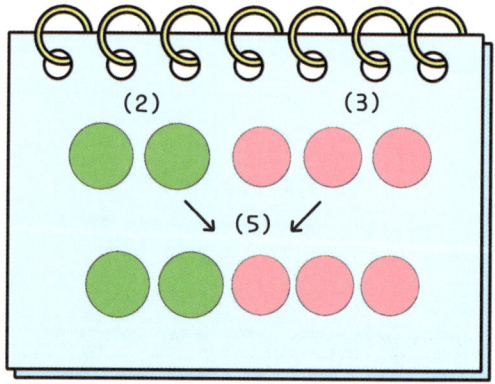

## ◆ 보드게임으로 수학 놀이

| '우·수·반' 선정 이유 | | 가격 |
|---|---|---|
| (셈셈수놀이 상자 이미지)<br><br>셈셈수놀이 | 셈셈수놀이는 집에 하나 장만해 두면, 마음이 든든해지는 보드게임이다. 셈셈수놀이를 통해 '수와 양의 일치', '수의 순서', '수의 크기 비교', '가르기와 모으기', '덧셈과 뺄셈' 총 다섯 가지의 체계적인 학습이 가능하기 때문이다. 셈셈수놀이에는 시각적 표현(양 그림, 손가락), 숫자(수학적 기호)가 포함되어 있기에 가르기와 모으기를 할 때도 활용하기 좋다. | 2만 원 이하 |
| **이 보드게임을 선택한 이유 세 가지**<br>첫째, 기초 연산을 체계적으로 익힐 수 있도록 구성되어 있다.<br>둘째, 그림과 손가락 타일을 통해 시각적으로 수를 표현하고, 숫자 타일을 통해 수학적 기호 요소를 포함하고 있어서 수 개념을 순서대로 체득할 수 있도록 돕는다.<br>셋째, 가르기와 모으기 전 단계의 놀이와 이후의 연산 놀이로 자연스럽게 연계할 수 있다. | | |

### 가르기
**엄마의 설명 ①**

> 수학아! 하나의 수에는 다양한 숫자들이 숨겨져 있어.
> 어떤 숫자들이 숨어 있는지 살펴볼까?

엄마가 양 5마리 카드를 위에 올려 볼게! 양 5마리 안에는 몇 마리가 숨어 있었을까?
2마리와 3마리가 숨어 있었네!

## 엄마의 설명 ②

수학아, 이번에는 양을 숫자로 바꿔보자!

숫자 5 카드에는 어떤 숫자 카드와 어떤 숫자 카드가 숨어 있을까?

아하! 5는 2와 3으로 나눌 수 있네!
이렇게 5가 2와 3으로 나누어지는 걸 가르기라고 해!

* 가르기를 충분히 경험할 수 있도록 '1과 4', '2와 3', '3과 2', '4와 1' 모두 진행해 주세요!

### 모으기
엄마의 설명 ①

수학아, 이번에는 두 가지 수가 하나는 되는 마법이야!

양 2마리와 양 3마리 카드를 가져올래?

양 2마리와 3마리 카드를 모으면, 모두 몇 마리의 양이 될까?
맞아, 바로 양 5마리 카드로 바뀌지? 정말 잘했어!

## 엄마의 설명 ②

> 수학아, 이번에는 양 대신 숫자로 바꿔볼까?
> 숫자 2 카드와 숫자 3 카드가 모이면, 아래에 얼마의 숫자 카드가 놓일까?

> 맞아! 2와 3이 하나가 되어 5가 되는 걸 모으기라고 해!

## ◆ 개념 마무리

숫자 6을 가르기와 모으기를 할 때 '1과 5'와 같이 하나의 조합으로만 끝나는 것이 아니라, 6을 가르고 모을 수 있는 다양한 상황을 아이가 접하는 것이 중요하다. 이를 통해 아이는 가르고 모을 수 있는 여러 상황을 이해하게 되며, 덧셈과 뺄셈이 서로 다른 개념이 아니라 연결되어 있다는 것을 은연중에 배울 수 있다.

가르기와 모으기는 덧셈과 뺄셈을 이해하는 가장 핵심적인 개념이며, 이를 통하여 10의 보수를 찾는 활동으로도 유연하게 확장할 수 있게 된다. 또한, 받아올림이 있는 덧셈과 받아내림이 있는 뺄셈의 기초가 되는 개념이므로, 쉽다고 소홀히 넘겨선 안 된다. 기초 공사를 튼튼히 하는 마음으로 다양한 상황에서 가르기와 모으기 활동을 접할 기회를 주자. 이는 아이가 수의 관계와 구조를 깊이 이해하는 계기가 될 것이다.

1학년 1학기 5단원 50까지의 수

# ③ 십의 보수는 받아올림과 받아내림의 숨은 조력자

    10의 보수는 앞서 나온 가르기와 모으기 개념을 충분히 익힌 후에, 연달아 활동하기 좋은 개념이다. 아이가 가르기와 모으기를 이해했다면, 10의 보수를 만드는 활동도 어렵지 않게 이해할 수 있을 것이다. 10을 만드는 것이 중요한 이유는 받아올림이 있는 덧셈과 받아내림이 있는 뺄셈의 기초가 되기 때문이다. 받아올림이 있는 덧셈과 받아내림이 있는 뺄셈을 유독 어려워하는 아이가 있다면, 10의 보수 만들기 활동을 진행하면 좋다. 블록이나 젤리 같은 다양한 구체물을 통해서 10의 보수를 만드는 활동을 진행하고, 마지막에는 구체물 없이 숫자만으로도 보수를 만들어 볼 수 있도록 하자.

| 1학년 1학기 3단원 | | 1학년 1학기 5단원 | | 1학년 2학기 1단원 |
|---|---|---|---|---|
| • 9 이하의 수를 합성하고 분해하기 | → | • 10의 개념을 알고, 10을 여러 가지 방법으로 가르기 | → | • 100까지의 수의 계열을 이해하고, 수의 크기 비교하기 |

### ◆ 우수반 필수 개념

### 보수(짝꿍 수)의 뜻
➡ 합해서 특정수를 만들기 위해 필요한 수. 짝꿍 수라고도 부른다.

### 다양한 방법으로 10 만들기
➡ '0과 10', '1과 9', '2과 8', '3과 7', '4와 6', '5와 5', '6과 4', '7과 3', '8과 2', '9와 1'처럼 10이 되는 짝꿍 수를 찾고 이해하기

### 구체물 없이 십의 보수 만들기
➡ 실물(구체물) 없이 숫자만으로도 10의 보수 만들어 보기

### ◆ 엄마가 알려주는 수학 놀이

**준비물**
우·수·반꾸러미(2), 우·수·반꾸러미(3), 젤리, 스케치북, 스티커

### 다양한 방법으로 10 만들기
**엄마의 설명 ① 젤리 활용하기**

젤리로 10 만들기 놀이를 해 볼까?
엄마 접시에 젤리 3개가 있어. 10이 되려면 수학이 접시에는 몇 개의 젤리가 필요할까?

*아이가 10 만드는 방법을 어려워한다면, 우·수·반꾸러미(2)를 활용해 주세요!

엄마 젤리  　　　　　수학이 젤리

### 엄마의 설명 ② 스케치북과 스티커 활용하기

> 수학이가 스케치북에 1개부터 9개까지 붙이고 싶은 만큼 스티커를 붙여 볼까?

이제 짝꿍 수가 되는 스케치북을 찾아주면 돼!
시작해 볼까? 3의 짝꿍 수가 되는 스케치북을 찾아 줘!

### 구체물 없이 숫자 10 만들기
**엄마의 설명 ① 우·수·반꾸러미(3)**

이번에는 숫자로만 찾아볼 거야. 알맞은 짝꿍 수 카드를 찾아볼까?

엄마는 2를 선택했어! 수학이가 짝꿍 수를 찾아 줄래?

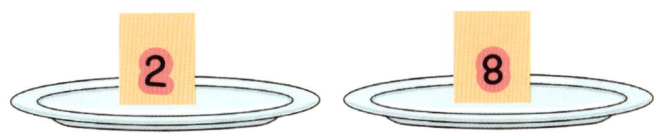

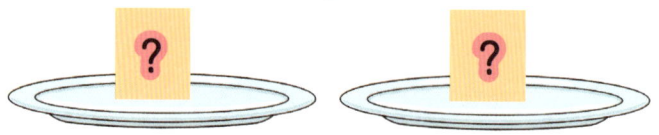

이번에는 수학이가 먼저 카드를 선택해 봐! 엄마가 짝꿍 수를 찾아볼게!

## ◆ 보드게임으로 수학 놀이

| | '우·수·반' 선정 이유 | 가격 |
|---|---|---|
| 아이씨텐 | 카드를 뒤집어 나오는 숫자를 통해 십의 보수를 만드는 게임이다. 가르기와 모으기 활동을 통해 수 감각을 익힌 아이들이 실제 숫자를 활용하여 십의 보수를 다양한 방식으로 만들어 보기 좋은 학습 도구이다. | 1만 원 중반 |

**이 보드게임을 선택한 이유 세 가지**

첫째, 10묶음을 많이 만드는 사람이 이기는 게임으로, 다양한 10의 보수를 자연스럽게 경험할 수 있다.

둘째, 1 + 2 + 7과 같이 세 수의 덧셈으로 10을 만들 수 있기에, 10이 만들어지는 다양한 상황을 경험할 수 있다.

셋째, 구성물에 들어 있는 상어 카드를 '마법 카드'로 활용해 더욱 흥미롭게 진행할 수 있다.

## 다양한 방법으로 10 만들기
### 엄마의 설명 ① 우·수·반꾸러미(2)를 활용할 때

10을 만드는 방법은 아주 다양하단다.
처음에는 어려울 수 있으니, 표를 보고 만들어도 좋아!

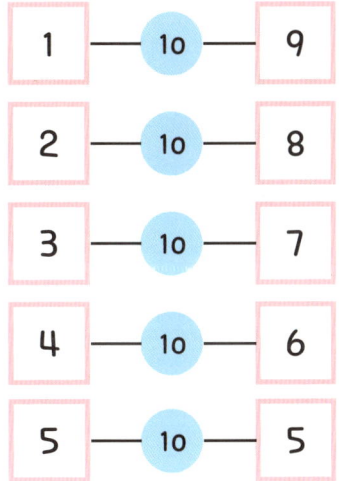

10이 되기 위한 1의 짝꿍 수는 무엇일까?
10기 되기 위한 3의 짝꿍 수는 무엇일까?
표를 보며 짝꿍 수를 기억한 뒤에, 숫자가 나오면 재빨리 가져가 보자!
'1 + 5 + 4'처럼 세 숫자를 더해 10을 만드는 방법도 찾아보자!

## 구체물 없이 숫자로 10 만들기
### 엄마의 설명 ① 상어 카드를 활용할 때

아이씨텐 게임에서 뒤집힌 상어 카드를 뽑으면, 규칙에 따라 그동안 모은 카드를 상자 안에 도로 넣어야 해. 애써 모은 카드를 상자 안에 집어넣으면 너무 속상하겠지? 하지만 상어 카드를 특별 아이템으로 사용하는 방법도 있어! 마법 카드처럼 상어 카드를 뒤집으면, 어떤 수든 될 수 있는 카드가 되는 거야.

와! 상어 카드를 뽑았네. 수학이가 가진 카드 중에서 어떤 수가 있으면 10이 될까?

*아이가 짝꿍 수를 말하면 정답으로 인정해 주세요!

### 엄마의 설명 ②

이제 표를 보지 않고도 기억해서 10을 만들 수 있겠지? 게임을 시작해 보자! 짝꿍 수를 가장 많이 모은 사람이 이기는 거야.

---

### ◆ 개념 마무리

10의 보수 찾기는 수를 가르고 모으는 활동의 한 단계 심화 버전이다. 10의 보수는 부모가 보기에는 너무 쉬운 개념이다. 아이가 당연히 알 것으로 생각해서 처음부터 숫자로 접근하면, 수에 대한 흥미를 금세 잃어버리는 계기가 될 수 있다. 또한 아이가 원리를 제대로 이해하지 못하고 기계적으로 외울 경우, 이후 연산 단계에서 어려움을 겪을 확률이 크다. 따라서 10의 보수 찾기 역시, 앞서 수를 가르고 모으는 활동처럼 구체물을 충분히 활용하여 자연스럽게 익히도록 해야 한다. 이를 통해 아이가 구체물 없이 숫자만으로 10의 보수를 만들 수 있도록 나아가는 것이 중요하다.

1학년 1학기 5단원 50까지의 수

# ④ 세 가지 수 세기가 키워주는 우리 아이 수 감각

수는 앞으로만 세는 것(2, 3, 4…)으로 생각하는 아이들이 많다. 수 세기를 다양하게 익히는 것이 중요한 이유는 덧셈, 뺄셈, 곱셈을 익히는 통로가 되기 때문이다. 앞으로 세기, 거꾸로 세기, 뛰어 세기는 따로 분리하여 익히기보다, 수를 셀 때 함께 묶어서 자주 접하게 해 주는 것이 좋다. 예를 들어, 길을 걸을 때 보도블록 위에서 앞으로 갔다, 뒤로 갔다, 몇 칸씩 뛰어 보는 놀이를 하는 것도 수 세기의 일종이다. 처음부터 수학적으로 접근하기보다는, 수를 세는 방법에는 다양한 종류가 있다는 걸 느끼게 해 주자.

| 1학년 1학기 1단원 | 1학년 1학기 5단원 | 1학년 2학기 1단원 |
|---|---|---|
| • 9까지의 수개념을 이해하고 수를 세고 읽고 쓰기 | • 9까지의 수의 필요성을 인식하며 사물의 수 세기<br>• 50까지 수의 순서 알기 | • 100까지의 수 개념을 이해하고, 수를 세고 읽고 쓰기<br>• 100까지의 수의 계열을 이해하고, 수의 크기 비교하기 |

### ◆ 우수반 필수 개념

**앞으로 세기**
➡ 어떤 수에서 출발해서 큰 수 쪽으로 수를 세는 방법

**거꾸로 세기**
➡ 어떤 수에서 출발해서 작은 수 쪽으로 수를 세는 방법

**뛰어 세기**
➡ 어떤 수에서 시작해서 일정한 수(2, 3, 4 등)만큼씩 건너뛰어 세는 방법

### ◆ 엄마가 알려주는 수학 놀이

**준비물**
우·수·반 꾸러미(1), 젤리

**앞으로 세기**
엄마의 설명 ① 우·수·반꾸러미(1)

표 위에 젤리를 하나씩 올려 볼까? 일, 이, 삼, 사… 한 칸씩 갈수록 젤리가 점점 많아지네!

## 거꾸로 세기
엄마의 설명 ① 우·수·반꾸러미(1)

이번에는 젤리를 하나씩 먹어 보자!

젤리를 하나씩 먹으면서 나오는 숫자를 함께 이야기해 볼까? 구, 팔, 칠, 육…
거꾸로 갈수록 젤리가 점점 적어지네!

## 뛰어 세기
엄마의 설명 ① 우·수·반꾸러미(1)

이번에는 젤리로 징검다리 놀이를 해볼까?

1에 젤리를 올려놨지? 젤리가 2칸 점프하면 어느 숫자로 가야 할까?

|  | 2 |  | 4 |  | 6 |  | 8 |  |

> 2칸을 또 점프하면 다음에는 어느 숫자에 도착할까?

> 젤리가 놓여 있는 모습이 어때? 한 칸씩 비어 있네!

## ◆ 보드게임으로 수학 놀이

| | '우·수·반' 선정 이유 | 가격 |
|---|---|---|
| 쑥쑥 키재기 벌레 | 벌레를 쑥쑥 뽑는 행동 자체가 아이들에게 큰 재미를 준다. 벌레를 뽑으면서 앞으로 세기, 벌레를 도로 넣으면서 거꾸로 세기가 가능하다. 벌레를 한데 이은 뒤 뛰어 세기를 경험할 수도 있다. | 1만 원 초중반 |

**이 보드게임을 선택한 이유 세 가지**

첫째, 벌레를 뽑으면서 앞으로 세기, 벌레를 도로 넣으면서 거꾸로 세기를 익힐 수 있으며, 구체물을 직접 만져보며 수 개념을 느낄 수 있는 게 최대 장점이다. 둘째, 수 세기뿐만 아니라 '길다', '짧다'와 같이 길이비교활동으로도 활용할 수 있다. 셋째, 색깔 회전판과 숫자 회전판이 있어서 아이의 수준에 맞춰 사용할 수 있다.

## 앞으로 세기

**엄마의 설명 ① 돌림판을 사용하지 않을 때**

엄마랑 벌레를 하나씩 뽑아볼까? 몇 번을 세야 벌레가 뽑히는지 알아보자!

키재기 벌레 준비

하나씩 뽑으며 앞으로 세기

**엄마의 설명 ② 색깔판을 사용할 때**

이번에는 돌림판을 돌려 볼까? 어떤 색깔이 나왔어?
분홍색이 나왔으니, 분홍색 칸만큼 뽑아 볼까?

색깔판 돌리기

분홍색만큼 앞으로 뽑기

### 엄마의 설명 ③ 숫자판을 사용할 때

> 돌림판을 다시 돌려 보자! 어떤 숫자가 나왔어?

숫자판 돌리기

숫자만큼 앞으로 뽑기

> 나온 숫자만큼 벌레를 한 번 뽑아 볼까?

* 벌레를 뽑는 동안 엄마가 함께 숫자를 말해 주세요.
* 아이가 익숙해지면, 스스로 수를 앞으로 세면서(일, 이, 삼, 사…) 벌레를 뽑을 기회를 주세요.

## 거꾸로 세기
### 엄마의 설명 ① 돌림판을 사용하지 않을 때

> 벌레가 다시 흙 안으로 들어가고 싶나 봐! 벌레를 다시 땅으로 보내 줄까?
> 땅으로 돌아가기 위해선, 숫자를 거꾸로 세야 해.
> 몇 번을 세면 돌아갈 수 있는지 알아볼까?

### 엄마의 설명 ② 색깔판을 사용할 때

> 이번에는 돌림판을 돌려 볼까? 어떤 색깔이 나왔어?
> 나온 색깔만큼 다시 넣어 보자!

키재기 벌레 준비

하나씩 넣으며 뒤로 세기

### 엄마의 설명 ③ 숫자판을 사용할 때

> 돌림판을 다시 돌려 보자! 어떤 숫자가 나왔어? 나온 숫자만큼 다시 넣어 줄까?

* 벌레를 넣는 동안 엄마가 함께 숫자를 말해 주세요.
* 아이가 익숙해지면, 스스로 수를 거꾸로 세면서(오, 사, 삼, 이…) 벌레를 넣어 보도록 기회를 주세요!

## 뛰어 세기

**엄마의 설명 ①** 색깔 뛰어 세기

> 뽑은 벌레를 모두 이어 볼까? 수학이가 이어 주고 싶은 만큼 이어 봐!

> 벌레가 아주 길어졌네! 여기서 노란색만 찾아볼까?
> 몇 칸씩 가야 노란색이 나올까?

**엄마의 설명 ②** 숫자 뛰어 세기

> 이번에는 엄마랑 숫자로도 이야기해 볼까?

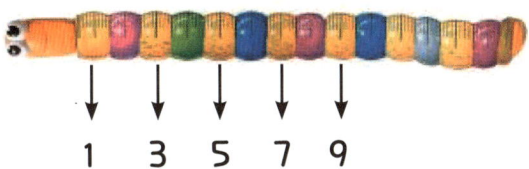

### ◆ 개념 마무리

　앞으로 세기, 거꾸로 세기, 뛰어 세기는 한 세트로 생각하자. 이렇게 생활 속에서 터득한 지식은 아이들의 머릿속에 더 오랫동안 남는다.

　보드게임을 교구처럼 활용하거나 아이가 좋아하는 간식을 통해서 수가 앞으로 가면서 늘어나는 경험과 뒤로 가면서 줄어드는 경험을 직접 느낄 수 있도록 도와주자. 뛰어 세기도 마냥 어렵게 생각할 게 아니라, 앞으로 세기와 거꾸로 세기의 응용 버전이라고 생각하자. 앞으로 세기, 거꾸로 세기, 뛰어 세기의 개념이 명확히 자리 잡지 않은 아이들은 덧셈, 뺄셈, 곱셈을 배우는 단계에서 유독 어려움을 겪을 수 있다는 점을 잊지 말자. 아이가 젤리와 숫자판 등 자신이 좋아하는 도구를 통해 경험한 수 세기 방법은, 추상적인 수의 세계로 나아갈 때 아이에게 큰 힘을 줄 것이다.

1학년 2학기 1단원 100까지의 수

## ⑤ 100까지의 수는 자릿값 이해의 내비게이션

    100까지의 수를 안다는 것은 단순히 1부터 100까지의 수를 센다는 의미를 넘어 더 깊은 활동들을 포함한다. 예를 들어, 99보다 1 큰 수, 90보다 10 큰 수, 10개가 10묶음이 되는 수와 같은 개념을 알아야 한다.

    100까지의 수를 정확히 아는 것은 수의 계열성을 이해하는 측면에서도 필요하지만, 자릿값을 이해하는 기초가 되기 때문에 중요하다. 10은 한 자리 수가 두 자리 수가 되는 첫 경험을, 100은 두 자리 수가 세 자리 수가 되는 첫 경험을 선사한다. 아이들이 숫자 100의 매력을 충분히 느낄 수 있도록 도와주자.

| 1학년 1학기 5단원 | 1학년 2학기 1단원 | 2학년 1학기 1단원 |
|---|---|---|
| • 50까지의 수 개념 이해하기<br>• 50까지의 수의 계열을 이해하고, 수의 크기 비교하기 | • 99보다 1만큼 더 큰 수로 100 알아보기<br>• 100까지 수의 순서 알아보기 | • 세 자리 수의 범위에서 수의 계열을 이해하고, 수의 크기 비교하기 |

### ◆ 우수반 필수 개념

**100까지의 수**
➡ 1~100까지의 수의 연속성을 아는 것

**100이 되는 수**
➡ 99보다 1 큰 수, 90보다 10 큰 수 등 100이 되는 수를 아는 것

### ◆ 엄마가 알려주는 수학 놀이

**준비물**
우·수·반 꾸러미(4), 주사위, 젤리, 아이가 좋아하는 피규어

**100까지의 수**
엄마의 설명 ① 우·수·반꾸러미(4)

> 수학이가 좋아하는 피카츄가 있네. 피카츄가 100까지 갈 수 있도록 도와줄까?
> 엄마랑 피카츄를 한 칸씩 이동하면서 숫자를 세어 보자!

* 아이가 선택한 다양한 출발점에서 시작할 수 있도록 해 주세요.

| 1 | 2 | 3 | 4 | 5 | 6 | 7 | 8 | 9 | 10 |
|---|---|---|---|---|---|---|---|---|---|
| 11 | 12 | 13 | 15 | 15 | 16 | 17 | 18 | 19 | 20 |
| 21 | 22 | 23 | 24 | 25 | 26 | 27 | 28 | 29 | 30 |
| 31 | 32 | 33 | 34 | 35 | 36 | 37 | 38 | 39 | 40 |
| 41 | 42 | 43 | 44 | 45 | 46 | 47 | 48 | 49 | 50 |
| 51 | 52 | 53 | 54 | 55 | 56 | 57 | 58 | 59 | 60 |
| 61 | 62 | 63 | 64 | 65 | 66 | 67 | 68 | 69 | 70 |
| 71 | 72 | 73 | 74 | 75 | 76 | 77 | 78 | 79 | 80 |
| 81 | 82 | 83 | 84 | 85 | 86 | 87 | 88 | 89 | 90 |
| 91 | 92 | 93 | 94 | 95 | 96 | 97 | 98 | 99 | 100 |

### 엄마의 설명 ② 우·수·반꾸러미(4)

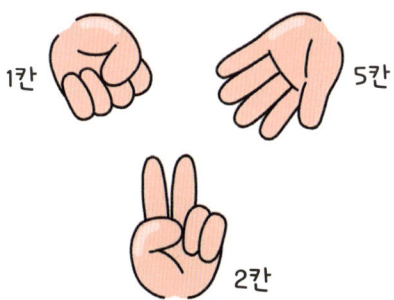

이번에는 가위바위보를 해서 이기는 사람이 피카추를 이동시킬 거야! 바위는 1칸, 가위는 2칸, 보는 5칸이야. 피카추가 100까지 갈 수 있도록 도전해 보자!

## 엄마의 설명 ③ 우·수·반꾸러미(4)

이번에는 주사위를 수백판에 굴려 볼 거야! 주사위가 멈춘 곳의 숫자를 크게 읽어 보자. 이곳에서 100을 향해 다시 굴려 보자.

| 1 | 2 | 3 | 4 | 5 | 6 | 7 | 8 | 9 | 10 |
|---|---|---|---|---|---|---|---|---|---|
| 11 | 12 | 13 | 14 | 15 | 16 | 17 | 18 | 19 | 20 |
| 21 | 22 | 23 | 24 | 25 | 26 | 27 | 28 | 29 | 30 |
| 31 | 32 | 33 | 34 | 35 | 36 | 37 | 38 | 39 | 40 |
| 41 | 42 | 43 | 44 | 45 | 46 | 47 | 48 | 49 | 50 |
| 51 | 52 | 53 | 54 | 55 | 56 | 57 | 58 | 59 | 60 |
| 61 | 62 | 63 | 64 | 65 | 66 | 67 | 68 | 69 | 70 |
| 71 | 72 | 73 | 74 | 75 | 76 | 77 | 78 | 79 | 80 |
| 81 | 82 | 83 | 84 | 85 | 86 | 87 | 88 | 89 | 90 |
| 91 | 92 | 93 | 94 | 95 | 96 | 97 | 98 | 99 | 100 |

수백판 밖으로 나가게 되면 이전 자리에서 다시 굴리는 거야.

100까지 먼저 도착하는 사람이 이기는 거야!

## 100이 되는 수

### 엄마의 설명 ① 우·수·반꾸러미(4)

| 1 | 2 | 3 | 4 | 5 | 6 | 7 | 8 | 9 | 10 |
|---|---|---|---|---|---|---|---|---|---|
| 11 | 12 | 13 | 14 | 15 | 16 | 17 | 18 | 19 | 20 |
| 21 | 22 | 23 | 24 | 25 | 26 | 27 | 28 | 29 | 30 |
| 31 | 32 | 33 | 34 | 35 | 36 | 37 | 38 | 39 | 40 |
| 41 | 42 | 43 | 44 | 45 | 46 | 47 | 48 | 49 | 50 |
| 51 | 52 | 53 | 54 | 55 | 56 | 57 | 58 | 59 | 60 |
| 61 | 62 | 63 | 64 | 65 | 66 | 67 | 68 | 69 | 70 |
| 71 | 72 | 73 | 74 | 75 | 76 | 77 | 78 | 79 | 80 |
| 81 | 82 | 83 | 84 | 85 | 86 | 87 | 88 | 89 | 90 |
| 91 | 92 | 93 | 94 | 95 | 96 | 97 | 98 | 99 | 100 |

수백판에 주사위(젤리)를 던져 보자!
주사위가 떨어진 숫자에서 100이 되려면 몇 칸을 더 가야 할까?
숫자를 동그라미 치며 읽어 볼까?

### 엄마의 설명 ② 우·수·반꾸러미(4)

이번에는 서로 문제를 내볼까? 젤리가 99에 있으면,
몇 칸을 더 가야 100이 될 수 있을까? 이번에는 수학이의 차례야!

## ◆ 보드게임으로 수학 놀이

| | '우·수·반' 선정 이유 | 가격 |
|---|---|---|
| 스머프 사다리 게임 | 아이들에게 1부터 100까지 수를 세라고 하는 것은 그야말로 노동처럼 느껴질 수 있다. 100까지의 수를 세는 일이 지겹지 않게 만드는 방법은 딱 하나다. 100까지 도달해야만 하는 목표를 주는 것이다. 시중에 나와 있는 다양한 사다리 게임으로 대체해도 상관없다. 포켓몬스터, 시나모롤 등 100까지의 수가 있는 사다리 보드게임이 다양하게 판매되고 있다. 아이가 좋아하는 캐릭터 게임을 선택하면 더욱 효과적일 것이다. | 1만 원 초중반 |

**이 보드게임을 선택한 이유 세 가지**

첫째, 아이에게 100까지 도달해야 하는 동기를 심어 줄 수 있다.
둘째, 수가 100까지 이동하는 경로를 눈으로 직접 확인할 수 있다.
셋째, 1~6까지의 주사위와 특수카드를 이용하여 제시된 수만큼 앞으로 또는 뒤로 이동해 보는 경험을 할 수 있다.

### 100까지의 수
#### 엄마의 설명 ①

> 캐릭터를 하나 골라 볼까? 우리 스머프가 100까지 도착할 수 있도록 도와줄까? 엄마가 스머프를 1에 먼저 놓을게. 수학이가 다음 숫자로 옮겨 줄래?

*엄마와 아이가 번갈아가며 1(엄마), 2(아이), 3(엄마), 4(아이)…와 같이 숫자 이름을 말하며 옮깁니다.

### 엄마의 설명 ②

이번에는 우리 캐릭터로 10칸 이어달리기를 해 볼까?
엄마가 10까지 먼저 달릴게! 수학이가 20까지 달려 보자! 그다음에 와야 할 숫자는 뭘까?
숫자를 말하면서 이어달리기를 계속해 보자!

*아이가 좋아하는 캐릭터를 선택해 주세요.

| 1 | 2 | 3 | 4 | 5 | 6 | 7 | 8 | 9 | 10 |
|---|---|---|---|---|---|---|---|---|---|
| 11 | 12 | 13 | 14 | 15 | 16 | 17 | 18 | 19 | 20 |
| 21 | 22 | 23 | 24 | 25 | 26 | 27 | 28 | 29 | 30 |
| 31 | 32 | 33 | 34 | 35 | 36 | 37 | 38 | 39 | 40 |
| 41 | 42 | 43 | 44 | 45 | 46 | 47 | 48 | 49 | 50 |
| 51 | 52 | 53 | 54 | 55 | 56 | 57 | 58 | 59 | 60 |
| 61 | 62 | 63 | 64 | 65 | 66 | 67 | 68 | 69 | 70 |
| 71 | 72 | 73 | 74 | 75 | 76 | 77 | 78 | 79 | 80 |
| 81 | 82 | 83 | 84 | 85 | 86 | 87 | 88 | 89 | 90 |
| 91 | 92 | 93 | 94 | 95 | 96 | 97 | 98 | 99 | 100 |

## 100이 되는 수

### 엄마의 설명 ①

스머프가 99에 도착했어! 여기서 몇 칸을 더 가야 100이 될까?

> 스머프가 80에 도착했어! 여기서 몇 칸을 더 가야 100이 될까?

> 스머프가 30에 도착했어! 100까지 가려면 몇 칸이 필요할까?

> 이번에는 수학이가 좋아하는 숫자에 스머프를 올려 보자. 거기서 100까지 가려면 몇 칸을 더 가야 할까?

### ◆ 개념 마무리

아이의 발달에 따라 차이는 있지만, 6~7살 정도가 되면 100까지의 수를 세는 아이들이 많다. 하지만 자세히 살펴보면 기계적으로 숫자를 외우고 있는 경우가 많다. 그렇기에 다양한 방법을 활용해 100까지의 수를 세는 법을 알려주어야 한다. 100까지의 수를 정확히 안다는 것은, 수의 계열성을 이해하는 것이다. 수의 계열성을 이해하면, 100이 되기까지 필요한 수가 몇인지도 파악할 수 있게 된다. 이는 자릿값은 물론 덧셈과 뺄셈의 기초가 되니, 개념을 명확히 이해하고 넘어갈 수 있도록 세심하게 안내하자.

1학년 2학기 1단원 100까지의 수

## ⑥ 수에도 짝꿍이 있을까? 홀수와 짝수의 숨은 비밀

아이들은 생활 속에서 무수히 많은 짝수와 홀수를 만나고 있다. 예를 들어 짝꿍과 함께 앉기, 젓가락 짝 찾기, 신발짝 찾기 등 짝이 있는 수와 짝이 없는 수를 일상에서 자연스럽게 접한다. 짝수와 홀수라는 개념은 1학년 2학기가 되어서야 배우는 명칭이다. 아직 어린아이에겐 익숙하지 않을 수 있지만, 이미 실생활에서 경험한 다양한 수의 개념을 추상적인 명칭과 연결해 주는 활동을 통해 아이들의 수 감각을 키울 수 있다. 특히 짝수 개념은 곱셈의 기초가, 홀수 개념은 나눗셈의 기초가 되므로, 이를 재미있고 자연스럽게 익힐 수 있도록 지도해 주자.

| 1학년 1학기 5단원 | 1학년 2학기 1단원 | 2학년 1학기 1단원 |
|---|---|---|
| • 10 알아보기<br>• 50까지의 수개념 이해하기 | • 짝수와 홀수 알아보기 | • 세 자리 수의 범위에서 수의 계열을 이해하고, 수의 크기 비교하기 |

## ◆ 우수반 필수 개념

### 짝수
➡ 둘씩 짝을 지을 때 남는 것이 없는 수(예: 2, 4, 6, 8…)

### 홀수
➡ 둘씩 짝을 지을 때 남는 것이 있는 수 (예: 1, 3, 5, 7…)

## ◆ 엄마가 알려주는 수학 놀이

**준비물**
젤리, 주사위, 스케치북

### 짝수
**엄마의 설명 ①**

주사위를 굴리면 1~6까지 숫자가 나오지? 여기서 짝꿍을 가진 숫자와, 짝꿍을 가지지 못한 숫자가 있어. 짝꿍을 가진 숫자는 어떤 숫자인지 알려줄게!

숫자 2만큼 젤리를 가져와 볼까?
젤리가 2개 있지? 엄마와 수학이 둘이 함께 젤리를 하나씩 똑같이 나누면 어때?

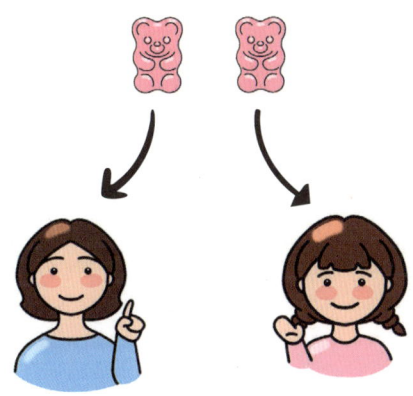

남는 젤리가 없지? 이렇게 둘로 똑같이 나눌 수 있는 숫자는 짝꿍을 가진 숫자야.

또 주사위에서 짝꿍을 가진 숫자는 어떤 걸까?
맞아! 2, 4, 6이 짝꿍을 가진 숫자야. 이렇게 짝꿍을 가진 숫자를 짝수라고 불러.

### 엄마의 설명 ②

주사위를 10번 굴려서 짝수가 더 많이 나오는 사람이 이기는 게임을 해 보자!

주사위가 4가 나왔네! 4는 짝수가 맞을까? 짝수면 ○, 짝수가 아니면 ×라고 적어 줘!

**짝수 만들기 표**

| 횟수 | 엄마 짝수 | 수학이 짝수 |
|---|---|---|
| 1 | ○ | × |
| 2 | | |
| 3 | | |
| 4 | | |
| 5 | | |
| 6 | | |
| 7 | | |
| 8 | | |
| 9 | | |
| 10 | | |

# 홀수
## 엄마의 설명 ①

주사위에서 짝꿍이 있는 숫자가 있고, 짝꿍이 없는 수가 있었지?
짝꿍이 없는 수는 어떤 걸까?

젤리 3개를 가지고 와 볼래? 젤리를 엄마와 수학이가 하나씩 똑같이 나눠서 가져 보자!

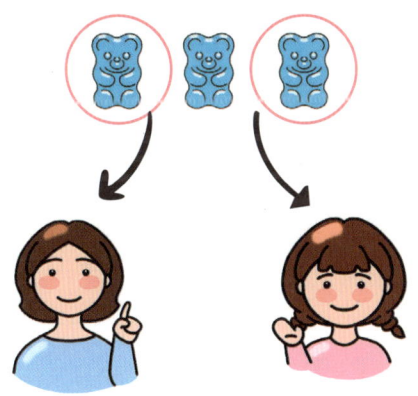

엄마도 1개, 수학이도 1개씩 젤리를 똑같이 가졌는데 아직 젤리 1개가 남았지?
이렇게 엄마와 수학이가 똑같이 나누고 나서도, 젤리가 남는 숫자를 홀수라고 해.

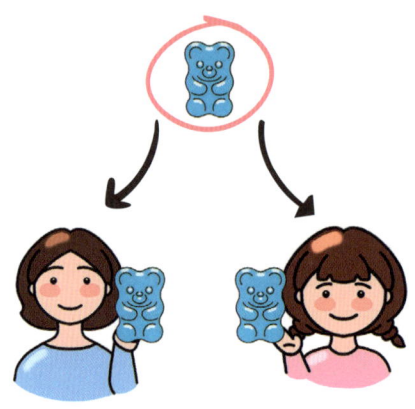

홀수는 어떤 수가 있을까? 맞아! 주사위에는 홀수 1, 3, 5가 있어.

### 엄마의 설명 ②

이번에는 주사위를 10번 굴려서 홀수가 더 많이 나오는 사람이 이기는 게임을 해 보자!

주사위가 3이 나왔네! 3은 홀수가 맞을까? 짝수면 ×, 홀수면 ○라고 적어 줘!
누가 더 많은 ○를 적게 되는지 겨뤄보자!

# 짝수 홀수 게임

### 엄마의 설명 ①

주사위를 굴려서 짝수가 나오면 1점, 홀수가 나오면 2점이야!
누가 가장 많은 점수를 얻을지 겨뤄보자!

*짝수와 홀수의 점수는 아이의 수준에 따라서 자유롭게 조절해 주세요.

**짝수 홀수 기초 버전 표 예시**

| 엄마 점수 | | | |
|---|---|---|---|
| 횟수 | 짝수 | 홀수 | 합계 |
| 1 | x | 2 | 2 |
| 2 | 1 | x | 1 |
| 3 | x | 2 | 2 |
| ⋮ | ⋮ | ⋮ | ⋮ |

| 수학이 점수 | | | |
|---|---|---|---|
| 횟수 | 짝수 | 홀수 | 합계 |
| 1 | 1 | x | 1 |
| 2 | x | 2 | 2 |
| 3 | x | 2 | 2 |
| ⋮ | ⋮ | ⋮ | ⋮ |

### 엄마의 설명 ②

이번에는 주사위 2개를 굴려 나온 수를 살펴보고, 짝수가 나오면 0점,
홀수가 나오면 나온 홀수만큼 점수로 얻을 수 있어!

주사위 2개가 모두 짝수면 0점이고, 주사위 2개가 모두 홀수면 나온 홀수만큼 더한 값이 점수가 되는 거야!

주사위 2개가 각각 짝수와 홀수가 나오면, 홀수 점수만 기록하면 돼! 예를 들어 주사위 3과 4가 나오면 합이 몇 점일까? 맞아, 3점이야!

예를 들어 주사위 4와 6이 나오면? 맞아, 0점이야! 짝짝짝! 주사위 1과 5가 나오면 몇 점일까? 맞아, 6점이야! 정말 잘하는구나!

짝수 홀수 심화 버전 표 예시

| 엄마 점수 | | | |
|---|---|---|---|
| 순서 | 주사위1 | 주사위2 | 점수 |
| 1 | 3 | 4 | 3 |
| 2 | 4 | 1 | 1 |
| 3 | 3 | 5 | 8 |
| ⋮ | ⋮ | ⋮ | ⋮ |

| 수학이 점수 | | | |
|---|---|---|---|
| 순서 | 주사위1 | 주사위2 | 점수 |
| 1 | 1 | 2 | 1 |
| 2 | 5 | 5 | 10 |
| 3 | 6 | 5 | 5 |
| ⋮ | ⋮ | ⋮ | ⋮ |

## ◆ 보드게임으로 수학 놀이

| '우·수·반' 선정 이유 | | 가격 |
|---|---|---|
| (오드월드 이미지) | 태양계 행성을 통해 짝수와 홀수의 개념을 알 수 있는 게임이다. 태양계에 관심이 많은 아이라면 금방 흥미를 느낄 테고, 관심이 없는 아이라도 게임의 재미 자체 때문에 수 개념은 물론 태양계 이름에도 익숙해질 수 있을 것이다. 이 게임의 가장 큰 특징은 홀수에만 점수를 계산한다는 점이다. | 1만 원 초중반 |
| 오드월드 | | |
| **이 보드게임을 선택한 이유 세 가지**<br>첫째, 홀수의 개수로만 점수를 얻을 수 있어서, 게임을 통해 자연스레 홀짝에 대한 개념을 익힐 수 있다.<br>둘째, 태양계 행성 이름이 게임에 포함되어 있어, 태양계에 관한 관심을 높일 수 있다.<br>셋째, 상대방에게 자신의 카드를 넘길 수 있는 규칙이 있어서, 스스로 게임 전략을 구상하며 사고력을 키울 수 있다. | | |

### 짝수
**엄마의 설명 ①**

> 카드를 살펴볼까? 어떤 카드들이 있지?
> 목성, 금성, 지구, 천왕성… 다양한 행성들이 있네!
> 둘씩 짝꿍을 만들어 보고, 남는 것이 있는지 없는지 살펴볼래?
> 이렇게 둘씩 짝을 지을 때 남는 것이 없는 수를 '짝수'라고 해.

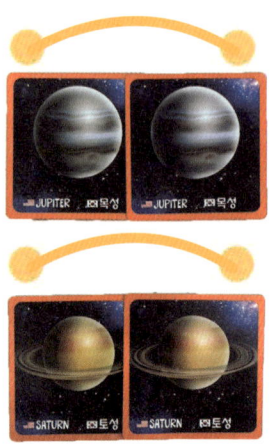

*익숙해지면 2, 4, 6, 8…과 같이 짝을 점점 늘려가는 활동으로 확장해 주세요.

## 홀수
### 엄마의 설명 ①

수학아! 토성 옆에 카드 하나를 더 놔 줄래?

이건 둘씩 짝을 지을 때 남는 것이 없는 짝수일까?

토성 두 개는 짝꿍이 되는데, 토성 한 개는 짝꿍이 없어서 혼자 있지? 이렇게 둘씩 짝을 지을 때 남는 것이 있는 수를 홀수라고 해.

이렇게 처음부터 짝이 없이 혼자 있는 경우에도, 홀수라고 불러. 이제 카드를 하나씩 더 붙여 보면서 어떤 수가 짝수인지, 어떤 수가 홀수인지 함께 살펴볼까?

### ◆ 개념 마무리

아이들에게 홀수와 짝수라는 명칭이 다소 어렵게 느껴질 수 있지만, 짝꿍을 예로 들어 설명하면 생각보다 쉽게 이해시킬 수 있을 것이다. 아이와 함께 짝이 있는 주변의 물건이 무엇인지 찾아보는 것도 실생활 연계 수학 놀이 중 하나다. 주사위, 젤리 개수, 젓가락 짝 등 아이들이 실생활에서 자주 접하는 다양한 물건을 활용해 짝수와 홀수의 개념을 함께 연상시켜 주자. 짝이 되는 것과 짝이 되지 않는 것을 생활 속 구체물에서 경험한 아이들은 이후 추상적인 수의 개념까지 손쉽게 연결 지을 수 있다.

**1학년 1학기 5단원 50까지의 수**

# ⑦ 하나씩? 아니면 묶어서? 쉽게 배우는 두 자리 수

　아이들이 50까지의 수를 알게 되면, 셀 수 있는 범위가 넓어지면서 할 수 있는 활동이 많아진다. 그런데 많은 수를 세다 보면, 숫자를 일일이 세는 것의 불편함도 느끼게 된다. 이때 필요한 것이 바로 묶음 개념이다.

　묶음은 수를 하나하나 세는 것이 불편하다는 것을 인지하며 자연스럽게 필요성을 느끼는 개념이다. 하지만 생각보다 많은 아이가 묶음과 낱개의 개념을 어려워한다. 예를 들어, 십의 자리 20과 일의 자리 4개를 204로 바꿔 쓰는 오류를 범하는 아이들은, 묶음과 낱개를 추상적으로만 접했을 확률이 높다. 묶음과 낱개를 많이 만져 보며 개념을 명확히 정립해야, 자리 수 개념까지 유연하게 올라갈 수 있음을 기억하자.

| 1학년 1학기 1단원 | 1학년 1학기 5단원 | 1학년 2학기 1단원 |
|---|---|---|
| • 9 이하의 수를 합성하고 분해하기 | • 50까지의 수를 10개씩 묶음과 낱개로 나타내고, 수를 세고 읽고 쓰기 | • 99까지의 수를 10개씩 묶음과 낱개로 나타내고, 수를 세고 읽고 쓰기 |

### ◆ 우수반 필수 개념

#### 묵음
➡ 하나로 모아서 묶어 놓은 것 또는 묶어 놓은 것을 세는 단위

예) 30개는 10개씩 하나로 모아서 묶어 3개의 묶음이 됨. 그리고 30개는 10개씩 3개의 묶음(단위)으로 셀 수 있음.

#### 낱개
➡ 묶고 남은 것 또는 묶고 남은 것을 세는 단위

예) 34개는 10개씩 하나로 모아서 묶어 3개의 묶음과 4개의 낱개가 됨. 그리고 34개는 10개씩 3개의 묶음과 4개의 낱개(단위)로 셀 수 있음.

#### 자릿값
➡ 숫자가 위치한 자리에 따라 정해지는 값(또는 이름)을 의미함.

예) 42에서 '4'는 10개씩 묶음 4개를, '2'는 낱개 2개를 나타냄


### ◆ 엄마가 알려주는 수학 놀이

**준비물**
젤리, 빨대 등 집에 있는 것 중 아이가 좋아하는 물건, 접시, 우·수·반꾸러미(3), 우·수·반꾸러미(5)

### 묶음
**엄마의 설명 ①**

초콜릿이 34개가 있네! 하나하나 세어 봤더니 생각보다 힘들지?

어떻게 하면 빨리 셀 수 있을까?

초콜릿을 접시에 2개씩 넣어서 세어 볼까?

초콜릿을 접시에 5개씩 넣어서 세어 볼까?

초콜릿을 접시에 10개씩 넣어서 세어 볼까?

*작은 수로 옮기기를 반복하며 낱개로 옮기는 게 불편하다는 것을 인지해야 묶음이 필요하다는 것을 알 수 있어요!

초콜릿을 접시에 10개씩 담았더니, 접시가 딱 3개가 나오네! 한눈에 보기 쉽다!

*젤리, 빨대 등 집에 있는 것들 중 아이가 좋아하는 물건을 활용해 주세요!

### 낱개
**엄마의 설명 ①**

10개가 안 돼서 접시 안에 들어가지 못한 초콜릿들이 있지? 이런 친구들을 '낱개'라고 불러!

### 자릿값
**엄마의 설명 ①** 우·수·반꾸러미(3), 우·수·반꾸러미(5)

초콜릿 접시에 초콜릿을 10개씩 담아 볼까?

접시에 숫자 이름을 붙여줘 보자! ➡ 우·수·반꾸러미(5)

접시가 3개인 곳에는 어떤 숫자 이름이 어울릴까? 맞아, 30이야.

초콜릿 12개를 가져와 볼까? 초콜릿 10개씩 묶고, 접시에 담기지 않은 초콜릿이 있지? 숫자 이름을 찾아줘 보자! ➡ 우·수·반꾸러미(5), 우·수·반꾸러미(3)

낱개 2는 어느 자리에 있어야 할까?
이 숫자는 초콜릿 10개씩 든 접시가 1개가 있고, 남은 초콜릿이 2개가 있으니까 "십이"라고 읽는 거야!

초콜릿 24개를 가져와 볼까? 초콜릿 10개씩 묶어 보자. 접시에 담기지 않는 초콜릿이 몇 개야?

숫자 이름도 찾아줘 볼까? ➡ 우·수·반꾸러미(5), 우·수·반꾸러미(3)
낱개 4는 어느 자리에 있어야 할까?
초콜릿 10개씩 든 접시가 2개 있고, 남은 초콜릿이 4개가 있으니까 "이십사"라고 읽는 거야!

## ◆ 보드게임으로 수학 놀이

| | '우·수·반' 선정 이유 | 가격 |
|---|---|---|
| 텀블링 몽키 | 텀블링 몽키는 색깔 주사위(파랑, 주황, 초록), 색깔 막대, 원숭이 세 가지 구성물로 이루어진 게임이다. 커다란 야자나무에 색깔 막대를 꽂아두고, 원숭이를 걸어 둔다. 주사위를 굴려 나오는 색에 따라 막대를 쏙 뽑아서 떨어진 원숭이가 적은 사람이 승리! 게임 규칙이 간단해서 누구나 쉽게 즐길 수 있다. 이 게임으로 묶음과 낱개의 개념을 알 수 있다. | 1만 원<br>초중반 |
| **이 보드게임을 선택한 이유 세 가지**<br>첫째, 1부터 50까지의 수를 세는 활동을 몸으로 느끼며 학습할 수 있다.<br>둘째, 색깔 막대 또는 원숭이를 활용해 묶음과 낱개의 개념을 시각적으로 이해할 수 있다.<br>셋째, 묶음과 낱개를 만들어 보는 활동을 통해 자연스럽게 자릿값에 대한 수 감각을 키울 수 있다. | | |

## 묶음
**엄마의 설명 ①**

> 색깔 막대 20개를 모아 보자. 하나씩 세어 볼까?

> 생각보다 세는 데 시간이 오래 걸리지 않았니? 쉽게 세는 방법이 있을까? 우리 같이 찾아보자!

20개 만들기

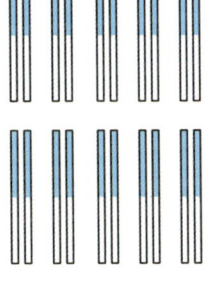
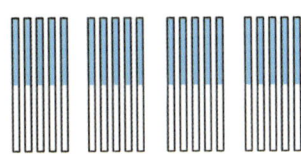
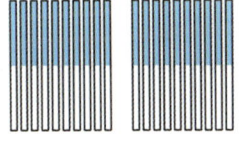

2개씩 묶음　　　　　5개씩 묶음　　　　　10개씩 묶음

> 이번에는 막대를 2개씩 묶어서 세어 볼까? 2, 4, 6…

> 이번에는 막대를 5개씩 묶어서 세어 볼까? 5, 10, 15…

막대를 묶어서 세었더니, 조금 더 빨리 셀 수 있었지?

이번에는 10개씩 묶어서 세어 볼까? 10, 20, 30…

몇 개를 묶었을 때 가장 빨리 셀 수 있었던 것 같아?
맞아, 10이야!

*묶는 건 아이가 스스로 하지만, 수를 세는 걸 어려워하면 대신 엄마가 대답해 주세요!

### 낱개
**엄마의 설명 ①**

수학이와 엄마가 모은 색깔 막대는 모두 몇 개일까?
21개네!

이번에도 2개씩, 5개씩, 10개씩 묶어볼까? 어라! 그런데 묶어지지 않고 남은 수가 있었지?
그게 바로 '낱개'라는 친구야!

### 21개 만들기

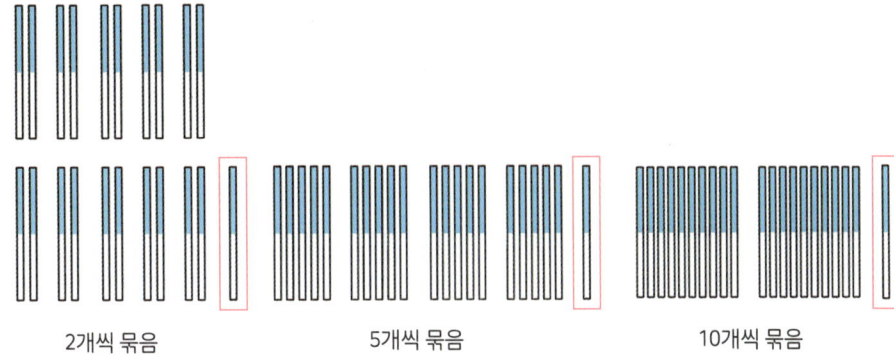

2개씩 묶음      5개씩 묶음      10개씩 묶음

## 자릿값
**엄마의 설명 ① 우·수·반꾸러미(5)**

> 엄마와 수학이가 모은 색깔 막대가 총 30개가 있네! 막대를 10개씩 묶어 볼까?

> 막대기에 숫자 이름을 붙여 볼까? 숫자 10은 10개 묶음이 하나 있네. 그래서 앞에 숫자 1이 있구나.

10개씩 1묶음      10개씩 2묶음      10개씩 3묶음

> 숫자 20은 어때? 10개 묶음이 몇 개 있는 거야? 2개가 있어서, 숫자 2가 있구나.

> 숫자 30은 10개 묶음이 몇 개 있는 걸까? 3개가 있어서, 숫자 3이 있구나!

### 엄마의 설명 ② 우·수·반꾸러미(3), 우·수·반꾸러미(5)

> 숫자 15를 만들어 볼까? 10개씩 묶었더니 묶음 몇 개가 생겼어? 맞아, 1개야! 숫자 이름도 붙여 주자. 15는 10개씩 묶음 1개가 있고, 낱개 5개가 있다는 뜻이네!

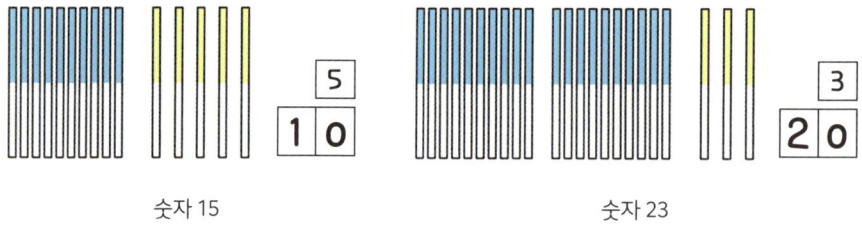

숫자 15                    숫자 23

> 이번엔 숫자 23을 만들어 볼까? 10개씩 묶었더니 묶음 몇 개가 나왔어? 맞아, 2개야. 숫자 이름도 붙여 주자. 23은 10개씩 묶음 2개가 있고, 낱개 3개가 있다는 뜻이네!

### 엄마의 설명 ③

> 숫자 11과 숫자 23개 중 묶음이 더 많은 사람은 누구일까?

> 낱개가 더 많은 사람은 누구일까?

> 묶음과 낱개 중 어떤 게 더 많아야 전체 양이 많아지는 걸까? 맞아, 묶음이야!

### ◆ 개념 마무리

아이들이 묶음을 어려워하는 이유는, 왜 수를 묶어야 하는지 필요성을 느끼지 못하기 때문이다. 사실 수를 묶지 않아도 얼마든지 하나씩 세는 방식으로 수를 셀 수 있기에 더 그렇다. 따라서 10묶음을 배우기 전에 선행되어야 할 것은, 큰 수를 하나씩 세는 것의 불편함을 인식하는 것이다. 이를 통해 아이들은 묶음이 더 효율적인 방식임을 자연스럽게 깨닫게 된다. "몇 묶음 몇 낱개"라는 표현은 아이들에게 추상적이고 어렵게만 느껴질 수 있기에, 실물을 활용해 구체적인 수의 개념으로 이어지도록 도와야 한다. 10개를 묶으면 그 수는 변하지 않지만, 단위가 바뀌며 '1'이라고 표현하게 된다. 이때 1은 10개의 묶음의 개수를 나타낸다는 것을 이해해야 302가 아닌, 32로 자릿값을 올바르게 이해할 수 있다. 낱개의 개념은 3학년 나눗셈을 배울 때 나머지의 개념으로까지 확장될 수 있다. 활동을 진행하며 '묶음', '낱개', '개수' 등과 같은 용어를 자연스럽게 사용하는 것을 잊지 말자. 비록 처음에는 아이에게 낯선 용어일지라도, 활동을 반복하면 아이 스스로 용어와 활동을 자연스럽게 연결 지을 수 있기 때문이다.

1학년 1학기 3단원, 1학년 2학기 4단원 덧셈과 뺄셈

# ⑧ 한 자리 수 덧셈과 뺄셈은 기초 연산 능력의 뿌리

덧셈과 뺄셈의 기초 개념은 무엇일까? 아마도 한 자리 수 범위에서의 덧셈과 뺄셈, 나아가 (몇)+(몇)=십몇을 이해하는 일일 것이다. 두 개념은 덧셈과 뺄셈의 기본이 되는 핵심 개념이며, 아이들이 다양하게 연습해 봐야 하는 영역이다. 앞의 활동을 통해 아이들이 가르기와 모으기, 앞으로 세기, 거꾸로 세기, 십의 보수를 충분히 연습했다면, 이제 덧셈과 뺄셈의 기초 개념으로도 성큼 나아갈 수 있다.

하지만 아이들은 가르기와 모으기에는 쉽게 접근하면서도, 덧셈과 뺄셈은 어렵게 느끼는 경향이 있다. 특히 덧셈과 뺄셈을 서로 연결된 개념으로 이해하지 못하고, 따로 떨어진 개념으로 생각하는 경우가 많다. 하나의 식에서 덧셈과 뺄셈을 함께 추론할 수 있는 사고를 키우면, 다양한 상황에서 수학적 해결력을 발휘할 수 있다. 덧셈과 뺄셈의 기초 개념을 지루하지 않게 익힐 수 있는 다양한 방법을 알아보자.

| 1학년 1학기 1단원 | 1학년 2학기 4단원 | 2학년 1학기 3단원 |
|---|---|---|
| • 9까지의 수 개념을 이해하고 수를 세고 읽고 쓰기 | • 한 자리 수의 범위에서 덧셈과 뺄셈의 상황 인식하기 ☞ 1학년 1학기 3단원<br>• (몇)+(몇)=(십몇)의 계산 원리를 이해하고 계산하기 ☞ 1학년 2학기 4단원 | • 두 자리 수의 범위에서 받아올림이 있는 덧셈과 받아내림이 있는 뺄셈하기 |

## ✦ 우수반 필수 개념

### 한 자리 수 덧셈
➡ 두 수의 합이 9 이하의 덧셈 상황을 인식하고, 다양한 방법으로 더하기

### 한 자리 수 뺄셈
➡ 두 수의 차가 9 이하의 뺄셈 상황을 인식하고, 다양한 방법으로 빼기

### (몇)+(몇)=(십몇)
➡ 두 수의 합이 10부터 19 이하의 덧셈 상황을 인식하고, 다양한 방법으로 더하기


## ✦ 엄마가 알려주는 수학 놀이

**준비물**
우·수·반꾸러미(3), 우·수·반꾸러미(4), 우·수·반꾸러미(6), 스티커

### 한 자리 수 덧셈

**엄마의 설명 ①** 우·수·반꾸러미(3), 우·수·반꾸러미(4), 우·수·반꾸러미(6)

* 한 자리 수 덧셈과 뺄셈을 연습하는 아이들은 두 수의 합이 9 이하가 되도록 카드를 미리 준비해 두면 좋아요. 두 자리 수 덧셈과 뺄셈도 함께 연습할 수 있는 친구들은 카드를 그대로 사용해도 됩니다.

> 0부터 5까지의 카드가 있어! 여기서 두 장을 뽑아 볼까? ➡ 우·수·반꾸러미(3)

> 4와 2가 나왔네! 더하기 기호를 가져와 볼래? ➡ 우·수·반꾸러미(6)

두 수를 합하면 어떤 숫자가 될까?

수백판에서 그 숫자를 찾아서 스티커를 붙여 볼까? ➡ 우·수·반꾸러미(4)

| 1 | 2 | 3 | 4 | 5 |  | 7 | 8 | 9 | 10 |
|---|---|---|---|---|---|---|---|---|---|
| 11 | 12 | 13 | 15 | 15 | 16 | 17 | 18 | 19 | 20 |
| 21 | 22 | 23 | 24 | 25 | 26 | 27 | 28 | 29 | 30 |
| 31 | 32 | 33 | 34 | 35 | 36 | 37 | 38 | 39 | 40 |
| 41 | 42 | 43 | 44 | 45 | 46 | 47 | 48 | 49 | 50 |
| 51 | 52 | 53 | 54 | 55 | 56 | 57 | 58 | 59 | 60 |
| 61 | 62 | 63 | 64 | 65 | 66 | 67 | 68 | 69 | 70 |
| 71 | 72 | 73 | 74 | 75 | 76 | 77 | 78 | 79 | 80 |
| 81 | 82 | 83 | 84 | 85 | 86 | 87 | 88 | 89 | 90 |
| 91 | 92 | 93 | 94 | 95 | 96 | 97 | 98 | 99 | 100 |

이번에는 다른 숫자들도 뽑아 보자!

## 한 자리 수 뺄셈

엄마의 설명 ① 우·수·반꾸러미(3), 우·수·반꾸러미(4), 우·수·반꾸러미(6)

0부터 9까지의 카드가 있어! 이번에도 카드를 두 장을 뽑아 볼 거야!

6과 7이 나왔네! 6에서 7을 뺄 수 있을까?
맞아! 작은 수에서 큰 수를 뺄 수 없지! 그럼 어떻게 하면 뺄셈을 할 수 있을까?
큰 수(7)에서 작은 수(6)를 빼야겠지?

뽑은 숫자 카드와 뺄셈 기호를 사용하여 뺄셈식을 만들어 볼까?

두 수를 빼면 어떤 숫자가 될까? 수백판에서 찾아서 스티커를 붙여볼까? ➡ 우·수·반꾸러미(4)
다른 숫자도 더 많이 뽑아 보자!

|  | 2 | 3 | 4 | 5 | 6 | 7 | 8 | 9 | 10 |
|---|---|---|---|---|---|---|---|---|---|
| 11 | 12 | 13 | 15 | 15 | 16 | 17 | 18 | 19 | 20 |
| 21 | 22 | 23 | 24 | 25 | 26 | 27 | 28 | 29 | 30 |

*뽑은 두 카드로 덧셈과 뺄셈을 각각 한 번씩 이용해도 좋아요.
 이렇게 하면 덧셈과 뺄셈의 연관 관계를 자연스럽게 파악할 수 있어요.

## (몇)+(몇)=(십몇)

엄마의 설명 ① 우·수·반꾸러미(3), 우·수·반꾸러미(6)

0부터 9까지의 카드가 있어! 서로 더했을 때,
10이 되는 카드 두 장을 찾아볼까?
1과 9, 2와 8, 3과 7, 4와 6, 5와 5가 있지?
이번엔 서로 더했을 때, 10보다 커지는 카드 두 장을 찾아볼까?
수백판에서 찾아서 스티커를 붙여 볼까?

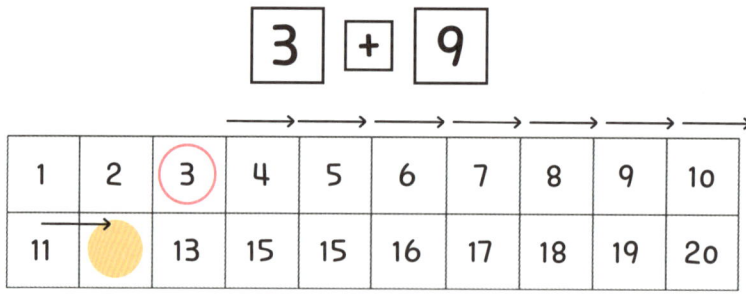

### ◆ 보드게임으로 수학 놀이

| '우·수·반' 선정 이유 | | 가격 |
|---|---|---|
| 신바아파트 덧셈뺄셈 오목게임 | 인기 캐릭터 신비아파트를 이용한 보드게임이라 아이들의 흥미를 끌 수 있는 장점이 있다. 이외에도 덧셈, 뺄셈, 뒤집기, 오목까지 함께 즐길 수 있어 하나의 게임으로 여러 효과를 얻을 수 있는 일석이조의 보드게임이다. | 1만 원 초중반 |
| **이 보드게임을 선택한 이유 세 가지**<br>첫째, 한 자리 수 덧셈과 뺄셈뿐만 아니라, 두 자리 수 덧셈과 뺄셈까지도 함께 경험할 수 있다.<br>둘째, 두 수를 보고 덧셈과 뺄셈을 함께 연관 지어 연습할 수 있다.<br>셋째, 덧셈과 뺄셈이 어려운 친구들에게는 뒤집기 게임면(뒷면)을 활용해 다른 형태의 게임으로도 참여할 수 있다. | | |

\* 보드게임 숫자 카드는 1부터 10까지 들어 있어요. 한 자리 수 덧셈을 연습하는 아이들은 두 수의 합이 9 이하가 되도록 숫자 1~5 카드 1장씩 준비해 주세요.

## 한 자리 수 덧셈
**엄마의 설명 ① 1~5 요괴 카드 1장씩 준비**

> 카드 두 장을 뽑아볼까? 어떤 요괴 카드가 나왔어?

> 숫자 5와 숫자 2가 나왔네! 요괴 카드에 나온 숫자 두 개를 더해 보자! 몇이 될까?

### 한 자리 수 뺄셈
엄마의 설명 ① 1~9 요괴 카드 1장씩 준비

카드 두 장을 뽑아 볼까? 어떤 요괴 카드가 나왔어?

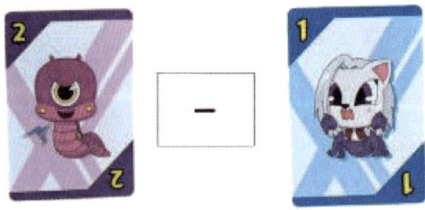

요괴 카드에 나온 숫자 두 개를 빼 보자! 몇이 될까?

### (몇)+(몇)=(십몇)
엄마의 설명 ① 1~9 요괴 카드 1장씩 준비

카드 두 장을 뽑아 볼까? 어떤 요괴 카드가 나왔어?

요괴 카드에 나온 숫자 두 개를 더해 보자! 얼마나 될까?

**엄마의 설명 ② 1~9 요괴 카드 1장씩 준비, 금비, 신비 토큰**

이번에는 수학이가 금비와 신비가 되어, 엄마가 물어보는 숫자를 찾아줄 거야!
금비는 덧셈, 신비는 뺄셈을 맡고 있어.

덧셈 토큰    뺄셈 토큰

숫자 카드에서 두 장을 뽑아 줄래? 어떤 숫자가 나왔어?
8과 7이 나왔구나!

두 숫자를 더하면 얼마가 될까? 수학이가 금비가 되어, 더한 숫자를 게임판에서 찾게 도와줄래? 더한 숫자를 찾으면 금비 토큰을 찾은 숫자 위에 올려놓으면 돼!

두 숫자를 빼면 얼마가 될까? 이번에는 수학이가 신비가 되어, 뺀 숫자(1)를 게임판에서 찾아보자! 뺀 숫자를 찾으면 신비 토큰을 찾은 숫자 위에 올려놓으면 돼!

## ◆ 개념 마무리

한 자리 수의 덧셈과 뺄셈을 다양한 상황에서 경험하는 것이 중요한 이유는, 실생활에서 일어나는 모든 일들이 덧셈과 뺄셈과 무관하지 않기 때문이다. 물건 개수 세기, 줄서기, 장난감 정리하기 등 아이들은 수를 더하고 빼야 하는 상황을 매일 자연스럽게 경험하고 있다. 이처럼 다양한 상황에서 덧셈과 뺄셈의 필요성을 인식하고 잘 활용하면, 일상에서 바로 쓸 수 있는 수학적 해결 능력을 갖추게 된다.

또한 덧셈과 뺄셈이 필요한 상황에 기호도 함께 사용하여 아이들에게 자연스럽게 수식도 노출해 보자. 기호는 추상적인 개념이라 아이들에게 낯설 수 있지만, 구체적인 상황과 함께 연결되면 조금 더 쉽게 이해할 수 있다.

**2학년 1학기 3단원 덧셈과 뺄셈**

#  두 자리 수 덧셈과 뺄셈은 받아올림과 받아내림의 확장판

　아이들이 두 자리 수 덧셈과 뺄셈에서 가장 어려워하는 부분은 바로 받아올림과 받아내림 개념이다. 받아올림과 받아내림을 어려워하는 아이들을 살펴보면 두 가지의 공통된 이유가 있다. 첫째, 자릿값 개념이 명확히 자리 잡지 않았기 때문이고 둘째, 10의 보수 개념을 충분히 이해하지 못했기 때문이다. 하지만 우리는 앞선 활동을 통하여 자릿값과 10의 보수 개념을 내재화했다. 지금 단계에서 필요한 건, 두 자리 수 덧셈과 뺄셈을 다양한 방법으로 익히는 시간을 통해 아이들이 자신에게 가장 편리한 방법을 찾아 해결할 수 있도록 독려해 주는 것이다. 수학 교구를 즐겁게 조작하면서 받아올림과 받아내림의 개념을 유의미하게 연결할 수 있도록 도와주자.

| 1학년 2학기 6단원 | 2학년 1학기 3단원 | 3~4학년군 |
|---|---|---|
| • 두 자리 수의 범위에서 받아올림이 없는 덧셈과 받아내림이 없는 뺄셈하기 | • 덧셈과 뺄셈이 이루어지는 실생활 상황과 연결하여 덧셈과 뺄셈의 의미를 이해하기<br>• 두 자리 수의 범위에서 덧셈과 뺄셈의 계산 원리를 이해하고 그 계산하기 | • 세 자리 수의 덧셈과 뺄셈의 계산 원리를 이해하고 계산하기 |

### ◆ 우수반 필수 개념

### 받아올림이 있는 덧셈

➡ 같은 자리의 수끼리 더한 값이 10이거나 10보다 큰 경우, 윗자리로 10만큼 올려 같은 자릿수끼리 더하는 방법

예) 27 + 36에서, 7 + 6 = 13으로 받아올림을 하여 윗자리에서 2 + 3 + 1 = 6이 된다.

### 받아내림이 있는 뺄셈

➡ 같은 자리의 수끼리 뺄 수 없는 경우 바로 윗자리에서 10만큼 가져와서 빼는 방법

예) 43 - 27에서, 3에서 7을 뺄 수 없으므로 윗자리 4에서 10을 가져와 13 - 7 = 6, 윗자리 3 - 2 = 1이 되어 결과는 16이 된다.

### ◆ 엄마가 알려주는 수학 놀이

**준비물**
주사위 2개(공기, 바둑돌 등 잘 굴러가는 구체물로 대체 가능), 우·수·반꾸러미(4)

### 두 자리 수의 덧셈
### (받아올림이 없는 덧셈 상황일 경우)

엄마의 설명 ① 우·수·반꾸러미(4)

> 이제부터 숫자 두 개를 더하는 놀이를 해 볼 거야!

주사위 두 개를 차례대로 수백판에 던져 볼까? 과연 어떤 숫자가 나올까? 32와 12가 나왔네!

두 숫자를 더하면 어떤 수가 될까?
수백판 32에서 출발할 거야! 12를 더하면 어떻게 이동해야 할까?

## 32+12

| 1 | 2 | 3 | 4 | 5 | 6 | 7 | 8 | 9 | 10 |
|---|---|---|---|---|---|---|---|---|---|
| 11 | 12 | 13 | 14 | 15 | 16 | 17 | 18 | 19 | 20 |
| 21 | 22 | 23 | 24 | 25 | 26 | 27 | 28 | 29 | 30 |
| 31 | 32 | 33 | 34 | 35 | 36 | 37 | 38 | 39 | 40 |
| 41 | 42 | 43 | 44 | 45 | 46 | 47 | 48 | 49 | 50 |
| 51 | 52 | 53 | 54 | 55 | 56 | 57 | 58 | 59 | 60 |
| 61 | 62 | 63 | 64 | 65 | 66 | 67 | 68 | 69 | 70 |
| 71 | 72 | 73 | 74 | 75 | 76 | 77 | 78 | 79 | 80 |
| 81 | 82 | 83 | 84 | 85 | 86 | 87 | 88 | 89 | 90 |
| 91 | 92 | 93 | 94 | 95 | 96 | 97 | 98 | 99 | 100 |

**엄마의 설명 ②**

묶음과 낱개에 대해서 배웠던 거 기억나?
12는 묶음과 낱개가 숨어 있는 숫자야! 어떤 숫자가 들어 있을까?

## 12=10+2

### 엄마의 설명 ③

> 12는 10이 한 묶음, 그리고 낱개 2가 숨어 있었던 수였지?
> 그렇다면 12에 숨어 있던 10을 32에 먼저 더하면? 수백판에서 찾아 볼까?

## 32+12

| 1 | 2 | 3 | 4 | 5 | 6 | 7 | 8 | 9 | 10 |
|---|---|---|---|---|---|---|---|---|----|
| 11 | 12 | 13 | 14 | 15 | 16 | 17 | 18 | 19 | 20 |
| 21 | 22 | 23 | 24 | 25 | 26 | 27 | 28 | 29 | 30 |
| 31 | (32) | 33 | 34 | 35 | 36 | 37 | 38 | 39 | 40 |
| 41 | (42) | 43 | 44 | 45 | 46 | 47 | 48 | 49 | 50 |

### 엄마의 설명 ④

> 12에서 10 말고 남은 수는 어떤 숫자였지?

> 이제 오른쪽으로 2칸 가 보자! 어떤 숫자에 도착했어? 44에 잘 왔네!

## 32+12

| 1 | 2 | 3 | 4 | 5 | 6 | 7 | 8 | 9 | 10 |
|---|---|---|---|---|---|---|---|---|---|
| 11 | 12 | 13 | 14 | 15 | 16 | 17 | 18 | 19 | 20 |
| 21 | 22 | 23 | 24 | 25 | 26 | 27 | 28 | 29 | 30 |
| 31 | ㉜ | 33 | 34 | 35 | 36 | 37 | 38 | 39 | 40 |
| 41 | ↓42 → | 43 → | ㊽ | 45 | 46 | 47 | 48 | 49 | 50 |

### 두 자리 수의 덧셈
### (받아올림이 있는 덧셈 상황일 경우)

엄마의 설명 ① 우·수·반꾸러미(4)

> 과연 어떤 숫자가 나올까? 27과 35가 나왔네!

## 27+35

> 두 숫자를 더하면 어떤 수가 될까? 수백판에서 찾아볼 거야!
> 수백판 27에서 출발할 거야! 35를 더하려면 어떻게 이동해야 할까?

**엄마의 설명 ②**

묶음과 낱개에 대해서 배웠던 거 기억나?
35는 묶음과 낱개가 숨어 있는 숫자야! 어떤 숫자가 들어있을까?

$$35 = 30 + 5$$

**엄마의 설명 ③**

35는 10이 3묶음 그리고 낱개 5가 숨어 있었던 수였지?
그렇다면 35에 숨어 있던 10의 3묶음인 30을 먼저 더해 보자! 수백판에서 찾아볼까?

$$27 + 35$$

| 1 | 2 | 3 | 4 | 5 | 6 | 7 | 8 | 9 | 10 |
|---|---|---|---|---|---|---|---|---|---|
| 11 | 12 | 13 | 14 | 15 | 16 | 17 | 18 | 19 | 20 |
| 21 | 22 | 23 | 24 | 25 | 26 | ㉗ | 28 | 29 | 30 |
| 31 | 32 | 33 | 34 | 35 | 36 | 37 | 38 | 39 | 40 |
| 41 | 42 | 43 | 44 | 45 | 46 | 47 | 48 | 49 | 50 |
| 51 | 52 | 53 | 54 | 55 | 56 | ㊼ | 58 | 59 | 60 |
| 61 | 62 | 63 | 64 | 65 | 66 | 67 | 68 | 69 | 70 |
| 71 | 72 | 73 | 74 | 75 | 76 | 77 | 78 | 79 | 80 |
| 81 | 82 | 83 | 84 | 85 | 86 | 87 | 88 | 89 | 90 |
| 91 | 92 | 93 | 94 | 95 | 96 | 97 | 98 | 99 | 100 |

**엄마의 설명 ④**

> 35에서 낱개는 어떤 숫자였지? 이제 오른쪽으로 5칸 가보자!
> 어떤 숫자에 도착했어?
> 어라? 수백판에서 오른쪽으로 이동했는데,
> 아래 줄로 내려왔네!

## 27+35

| 1 | 2 | 3 | 4 | 5 | 6 | 7 | 8 | 9 | 10 |
|---|---|---|---|---|---|---|---|---|---|
| 11 | 12 | 13 | 14 | 15 | 16 | 17 | 18 | 19 | 20 |
| 21 | 22 | 23 | 24 | 25 | 26 | 27 | 28 | 29 | 30 |
| 31 | 32 | 33 | 34 | 35 | 36 | 37 | 38 | 39 | 40 |
| 41 | 42 | 43 | 44 | 45 | 46 | 47 | 48 | 49 | 50 |
| 51 | 52 | 53 | 54 | 55 | 56 | 57 | 58 | 59 | 60 |
| 61 | 62 | 63 | 64 | 65 | 66 | 67 | 68 | 69 | 70 |
| 71 | 72 | 73 | 74 | 75 | 76 | 77 | 78 | 79 | 80 |
| 81 | 82 | 83 | 84 | 85 | 86 | 87 | 88 | 89 | 90 |
| 91 | 92 | 93 | 94 | 95 | 96 | 97 | 98 | 99 | 100 |

*수백판에서 줄이 바뀌는 것과 받아올림이 서로 관련 있는 개념이라는 것을 알려주세요. 수백판에서 오른쪽으로 더해갈 때, 출발지점과 같은 줄에 있는 경우는 받아올림이 없는 덧셈입니다. 수백판에서 오른쪽으로 더해갈 때, 출발지점과 다른 줄에 있는 경우는 받아올림이 있는 덧셈이에요. 받아올림이 있다/없다에 대한 용어보다 수백판에서 줄이 바뀐다는 사실을 인식할 수 있도록 도와주세요.

## 두 자리 수의 뺄셈
### (받아내림이 없는 뺄셈 상황일 경우)
엄마의 설명 ① 우·수·반꾸러미(4)

이번에는 두 수를 빼보는 게임을 해 볼 거야.

주사위 두 개를 던져서 큰 수에서 작은 수를 빼볼 거야. 던져 볼까?
28과 16이 나왔네! 두 수를 빼면 어떤 수가 될까?

## 28-16

| 1 | 2 | 3 | 4 | 5 | 6 | 7 | 8 | 9 | 10 |
|---|---|---|---|---|---|---|---|---|---|
| 11 | 12 | 13 | 14 | 15 | 16 | 17 | 18 | 19 | 20 |
| 21 | 22 | 23 | 24 | 25 | 26 | 27 | 28 | 29 | 30 |
| 31 | 32 | 33 | 34 | 35 | 36 | 37 | 38 | 39 | 40 |
| 41 | 42 | 43 | 44 | 45 | 46 | 47 | 48 | 49 | 50 |
| 51 | 52 | 53 | 54 | 55 | 56 | 57 | 58 | 59 | 60 |
| 61 | 62 | 63 | 64 | 65 | 66 | 67 | 68 | 69 | 70 |
| 71 | 72 | 73 | 74 | 75 | 76 | 77 | 78 | 79 | 80 |
| 81 | 82 | 83 | 84 | 85 | 86 | 87 | 88 | 89 | 90 |
| 91 | 92 | 93 | 94 | 95 | 96 | 97 | 98 | 99 | 100 |

28에서 출발해 보자. 16을 빼려면 어떻게 이동해야 할까?

**엄마의 설명 ②**

16에는 두 가지 숫자가 숨어 있어. 어떤 묶음과 낱개가 있을까?
10이 한 묶음 들어 있고, 나머지는 어떤 숫자일까?

$$16 = 10 + 6$$

**엄마의 설명 ③**

28에서 10을 빼면 어떤 숫자가 될까? 바로 위 칸에 있는 18이 되지?
빼기는 오른쪽으로 가는 걸까? 아니면 왼쪽으로 가는 걸까?
오른쪽으로 가면 숫자가 커지고, 왼쪽으로 가면 숫자가 작아지는 거야.
28에서 뒤로 몇 칸을 더 가면 되지? 도착한 숫자는 뭐야? 너무 잘 찾았네!

$$28 - 16$$

| 1 | 2 | 3 | 4 | 5 | 6 | 7 | 8 | 9 | 10 |
|---|---|---|---|---|---|---|---|---|---|
| 11 | ⑫ | 13 | 14 | 15 | 16 | 17 | 18 | 19 | 20 |
| 21 | 22 | 23 | 24 | 25 | 26 | 27 | ㉘ | 29 | 30 |
| 31 | 32 | 33 | 34 | 35 | 36 | 37 | 38 | 39 | 40 |
| 41 | 42 | 43 | 44 | 45 | 46 | 47 | 48 | 49 | 50 |
| 51 | 52 | 53 | 54 | 55 | 56 | 57 | 58 | 59 | 60 |
| 61 | 62 | 63 | 64 | 65 | 66 | 67 | 68 | 69 | 70 |
| 71 | 72 | 73 | 74 | 75 | 76 | 77 | 78 | 79 | 80 |
| 81 | 82 | 83 | 84 | 85 | 86 | 87 | 88 | 89 | 90 |
| 91 | 92 | 93 | 94 | 95 | 96 | 97 | 98 | 99 | 100 |

## 두 자리 수의 뺄셈
## (받아내림이 있는 뺄셈 상황일 경우)
### 엄마의 설명 ① 우·수·반꾸러미(4)

이번에는 두 수를 빼는 게임을 해 볼 거야.

주사위 두 개를 던져서 큰 수에서 작은 수를 빼 볼 거야. 던져 볼까? 54과 26이 나왔네! 두 수를 빼면 어떤 수가 될까? 수백판에서 움직여 보자!

## 54-26

| 1 | 2 | 3 | 4 | 5 | 6 | 7 | 8 | 9 | 10 |
|---|---|---|---|---|---|---|---|---|---|
| 11 | 12 | 13 | 14 | 15 | 16 | 17 | 18 | 19 | 20 |
| 21 | 22 | 23 | 24 | 25 | 26 | 27 | 28 | 29 | 30 |
| 31 | 32 | 33 | 34 | 35 | 36 | 37 | 38 | 39 | 40 |
| 41 | 42 | 43 | 44 | 45 | 46 | 47 | 48 | 49 | 50 |
| 51 | 52 | 53 | 54 | 55 | 56 | 57 | 58 | 59 | 60 |
| 61 | 62 | 63 | 64 | 65 | 66 | 67 | 68 | 69 | 70 |
| 71 | 72 | 73 | 74 | 75 | 76 | 77 | 78 | 79 | 80 |
| 81 | 82 | 83 | 84 | 85 | 86 | 87 | 88 | 89 | 90 |
| 91 | 92 | 93 | 94 | 95 | 96 | 97 | 98 | 99 | 100 |

### 엄마의 설명 ②

> 26에는 두 가지 숫자가 숨어 있어. 어떤 묶음과 낱개가 있을까?
> 10이 두 묶음 들어 있고, 나머지는 어떤 숫자일까?

$$26 = 20 + 6$$

### 엄마의 설명 ③

> 54에서 26에 숨어 있던 10 두 묶음을 빼면 어떤 숫자가 될까? 바로 두 칸 위에 있는 34가 되지?

| 1 | 2 | 3 | 4 | 5 | 6 | 7 | 8 | 9 | 10 |
|---|---|---|---|---|---|---|---|---|---|
| 11 | 12 | 13 | 14 | 15 | 16 | 17 | 18 | 19 | 20 |
| 21 | 22 | 23 | 24 | 25 | 26 | 27 | 28 | 29 | 30 |
| 31 | 32 | 33 | (34) | 35 | 36 | 37 | 38 | 39 | 40 |
| 41 | 42 | 43 | 44 | 45 | 46 | 47 | 48 | 49 | 50 |
| 51 | 52 | 53 | 54 | 55 | 56 | 57 | 58 | 59 | 60 |
| 61 | 62 | 63 | 64 | 65 | 66 | 67 | 68 | 69 | 70 |

> 빼기는 수백판에서 오른쪽으로 가는 걸까? 아니면 왼쪽으로 가는 걸까?
> 수백판에서 오른쪽으로 가면 숫자가 커지고, 왼쪽으로 가면 숫자가 작아지는 거야.

## 엄마의 설명 ④

> 26에서 낱개는 어떤 숫자였지? 이제 왼쪽으로 6칸 가보자! 어떤 숫자에 도착했어?
> 도착한 숫자는 뭐야? 너무 잘 찾았네! 어라? 수백판에서 왼쪽으로 이동했는데, 윗줄로 올라갔네!

## 54-26

| 1 | 2 | 3 | 4 | 5 | 6 | 7 | 8 | 9 | 10 |
|---|---|---|---|---|---|---|---|---|---|
| 11 | 12 | 13 | 14 | 15 | 16 | 17 | 18 | 19 | 20 |
| 21 | 22 | 23 | 24 | 25 | 26 | 27 | (28) | 29 | 30 |
| 31 | 32 | 33 | 34 | 35 | 36 | 37 | 38 | 39 | 40 |
| 41 | 42 | 43 | 44 | 45 | 46 | 47 | 48 | 49 | 50 |
| 51 | 52 | 53 | 54 | 55 | 56 | 57 | 58 | 59 | 60 |
| 61 | 62 | 63 | 64 | 65 | 66 | 67 | 68 | 69 | 70 |

*수백판에서 왼쪽으로 이동할 때, 출발지점과 같은 줄에 있는 경우는 받아내림이 없는 뺄셈입니다. 수백판에서 왼쪽으로 이동할 때, 출발지점과 다른 줄에 있는 경우는 받아내림이 있는 뺄셈이에요. 받아올림이 있다/없다에 대한 용어보다 수백판에서 줄이 바뀐다는 사실을 인식할 수 있도록 도와주세요.

## ◆ 보드게임으로 수학 놀이

| '우·수·반' 선정 이유 | 가격 |
|---|---|
| 99보다 큰 숫자를 외치는 사람이 지는 게임! 99까지 도달하는 다양한 전략을 통해 자연스럽게 받아올림과 받아내림이 없거나 있는 두 자리 수 덧셈과 뺄셈을 경험하는 게임이다. 비슷한 보드게임이 다양하게 나와 있으니 아이가 좋아하는 캐릭터를 찾아서 구매하면 보드게임에 대한 흥미가 훨씬 높아진다.<br><br>구십구 포켓몬 | 1만 원 이하 |

**이 보드게임을 선택한 이유 세 가지**
첫째, 덧셈과 뺄셈을 반복하며 99에 최대한 가까운 수를 만드는 과정을 통해, 숫자 감각을 키울 수 있다.
둘째, 받아올림과 받아내림이 있는 두 자리 수 덧셈과 뺄셈을 자연스럽게 경험할 수 있다.
셋째, ±10, ±9, ±0, 조커 카드 등 다양한 전략 카드를 사용하여 논리적 사고력을 키울 수 있다.

## 두 자리 수 덧셈(받아올림이 없는 덧셈)

**준비물**
구십구 포켓몬 카드, 우·수·반꾸러미(6)

### 받아올림이 없는 세로셈 덧셈 예시

* 받아올림이 없는 수 카드로 미리 골라주세요!

## 두 자리 수 덧셈(받아올림이 있는 덧셈)

### 엄마의 설명 ① 우·수·반꾸러미(6)

수학이가 좋아하는 포켓몬 카드 네 장을 골라 줄래?
포켓몬 카드에 적힌 숫자를 이용해 덧셈을 해 보자!

## 받아올림이 있는 세로셈 덧셈 예시

*준비사항: 전설 포켓몬 뮤(10), 특수카드, 아르세우스 카드는 제외해 주세요!

### 엄마의 설명 ②

8과 6을 더했더니 몇이지? 맞아! 14가 되지?
그런데 숫자의 각 자리에는 1, 2, 3, 4처럼 한 자리 숫자만 올 수 있어.
14는 10묶음이 한 개와 낱개 4, 이렇게 두 개의 숫자로 되어 있지?
파이리(6) 밑에는 낱개의 수가, 피카츄(5) 밑에는 10묶음의 수가 올 수 있어!
14에서 4를 나타내는 포켓몬은 누구야? 파이리(6) 아래에 놓아 줄래?

### 엄마의 설명 ③

이제 남은 10의 자리를 찾아 주자.
꼬부기(2)와 피카츄(5)도 10이 2묶음, 10이 5묶음이라는 뜻이지?
그래서 남은 10도 숫자 1로 변신시켜서 피카츄 위로 올라가야 해!
1을 나타내는 포켓몬은 누구지? 10이 숫자 1인 잠만보로 변신했어!
잠만보(1) 카드를 꼬부기(2) 위에 올려 줄래?

### 엄마의 설명 ④

이제 잠만보(1), 꼬부기(2), 피카츄(5)를 모두 더하면 어떤 숫자가 될까?
알맞은 포켓몬 숫자 카드를 피카츄 밑에 놓아줘!
우와! 새로운 포켓몬 탄생이야!

## 두 자리 수 뺄셈(받아내림이 없는 뺄셈)

**준비물**
구십구 포켓몬 카드, 우·수·반꾸러미(6)

### 엄마의 설명 ① 우·수·반꾸러미(6)

수학이가 좋아하는 카드 네 장을 뽑아 줄래?
이상해씨(3)에서 잠만보(1)를 빼면 몇이 될까?
어떤 포켓몬이 되는지 볼까? 와, 새로운 포켓몬이 됐네!
이번에는 수학이가 문제를 내 볼까?

### 받아내림이 없는 세로셈 뺄셈 예시

*준비사항: 받아내림이 없는 수 카드(5 이하)로 미리 골라주세요!

## 두 자리 수의 뺄셈(받아내림이 있는 뺄셈)
엄마의 설명 ① 우·수·반꾸러미(6)

수학이가 좋아하는 카드 네 장을 뽑아 줄래? 이 카드에서 이상한 점이 뭘까?

## 받아내림이 있는 세로셈 뺄셈 예시

*준비사항: 전설 포켓몬 뮤(10), 특수, 아르세우스카드는 제외해 주세요!

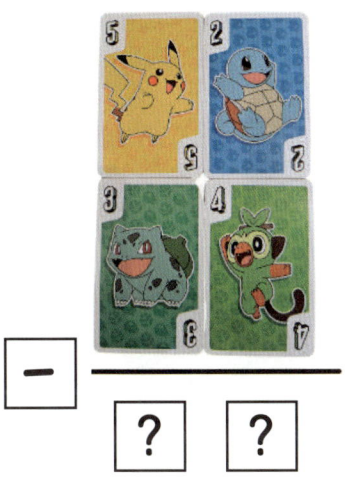

### 엄마의 설명 ②

2에서 4를 빼기가 어렵지? 그래서 앞에 있는 포켓몬에게서 힘을 가져와야 해!
앞에 있는 숫자가 피카추지? 피카추는 50만큼 힘이 있어서, 꼬부기에서 10만큼 힘을 줄 수 있어.
꼬부기에게 줄 힘(10)을 카드로 바꿔보자. 숫자 10은 뮤 카드네!
이제 뮤가 꼬부기와 한 팀이 되었어.

*2에서 4, 즉 작은 수에서 큰 수를 빼는 건 어렵다는 걸 인지해야 합니다!

## 엄마의 설명 ③

꼬부기(2)는 흥나숭(4)을 뺄 수 없었는데, 뮤(10)와 한팀이 되니 흥나숭(4)을 뺄 수 있지?
뮤(10)에서 흥나숭(4)를 빼면 얼마가 되지?
맞아, 6이 되지! 그리고 원래 있던 꼬부기(2)를 더하면 얼마가 될까?
맞아, 8이 되지! 이제 어떤 새로운 포켓몬이 생길까? 숫자 8을 나타내는 포켓몬은 누굴까?
알맞은 포켓몬 숫자 카드를 흥나숭(4) 아래에 놓아줘! 축하해! 식스테일(8)을 얻었어!

## 엄마의 설명 ④

그런데 피카추는 꼬부기에게 힘을 준 만큼 잃게 되었어.
피카추는 힘을 50만큼 가지고 있었는데, 꼬부기에 10만큼 주었잖아.
힘을 10만큼 잃으면 어떤 포켓몬이 될까? 50에서 10을 빼면 어떤 숫자야?
그렇지! 40이야. 40에서 숫자 4가 십의 자리에 올 수 있지? 숫자 4를 뜻하는 포켓몬을 올려줘!

*10-4를 인지, 이전에 배운 10의 보수 개념과 연관 지을 수 있어야 합니다!

## 엄마의 설명 ⑤

이제 마지막 차례야.
홍나숭(4)에서 이상해씨(3)를 빼면 어떤 포켓몬이 될까? 이상해씨 아래에 놓아 줘!
우와, 잠만보(1)로 변신했구나!

## ◆ 개념 마무리

두 자리 수 덧셈과 뺄셈을 익히는 다양한 방법을 알아보았다. 우·수·반 꾸러미와 실생활 물건을 이용하여 익히기도 하고, 아이가 좋아하는 포켓몬 카드를 활용하여 두 자리 수 덧셈과 뺄셈의 계산 과정을 시각적으로 알아보기도 했다. 카드에 적힌 수가 더해지고 덜어짐에 따라 다른 캐릭터 카드로 변신하는 과정은 아이에게 큰 재미와 흥미를 일으킨다. 카드 이외에도 수백판을 이용하여 이전에 배운 앞으로 가기, 거꾸로 가기 활동으로 수가 더해지고 덜어지는 과정을 눈으로 직접 확인했다.

이런 방법을 써야 하는 이유가 무엇일까? 아이에게 계산의 과정이 단순 암기가 되어서는 안 되기 때문이다. 규격화된 알고리즘을 알려주는 대신, 풍부한 활동을 통해 아이가 자신에게 가장 잘 맞는 계산 방법을 체득하도록 돕는 것이 중요하다. 이를 통해 아이는 덧셈과 뺄셈의 수식을 자연스럽게 자기 것으로 소화할 수 있게 된다. 생각보다 어려운 개념인 만큼, 잘 따라와 준 아이를 충분히 토닥여 주고 아낌없이 칭찬해 주자!

2학년 2학기 2단원 곱셈구구

## ⑩ 덧셈이 반복되면 곱셈

곱셈을 단순히 노래처럼 외우는 아이들이 많다. 아이가 구구단을 1단부터 9단까지 줄줄 외우는 것이 기특하긴 하지만, 이것이 아이가 곱셈의 기본 개념을 이해했다는 뜻은 아니다.

곱셈의 핵심은 같은 숫자가 여러 번 더해진다는 것을 이해하는 것이다. 그런데, 같은 숫자를 반복하여 더하는 과정은 숫자가 커질수록 불편하고 복잡해진다. 이런 불편함을 해결하기 위해 나온 것이 곱셈이라는 추상적인 기호다.

이 시기의 아이들에게 중요한 건 구구단을 외우는 것이 아니라, 같은 수를 반복적으로 더하는 과정을 충분히 경험하며 곱셈이 필요한 순간을 인지하는 것이다. 곱셈의 필요성을 인지해야, 곱셈 기호의 활용까지 나아갈 수 있다. 다양한 놀이와 게임을 활용해 곱셈에 대한 흥미를 높여 보자.

| 2학년 1학기 6단원 | 2학년 2학기 2단원 | 3~4학년군 |
|---|---|---|
| • 여러 가지 방법으로 세기<br>• 몇씩 몇 묶음으로 묶어 세기 | • 2단부터 9단까지의 곱셈구구의 구성원리를 알아보고 여러 가지 방법으로 완성하기 | • 곱하는 수가 한 자리 수 또는 두 자리 수인 곱셈의 계산 원리 이해하여 계산하기 |

### ◆ 우수반 필수 개념

#### 곱셈

➡ 같은 수를 반복적으로 덧셈하는 것(동수누가同數累加=같은 수를 여러 번 더함)

예) 2 + 2 + 2 + 2 + 2 + 2 + 2 + 2 + 2 = 2 × 9

### ◆ 엄마가 알려주는 수학 놀이

**준비물**
우·수·반꾸러미(7), 주사위 2개, 색연필(2가지 색)

### 곱셈 기본 개념
엄마의 설명 ① 우·수·반꾸러미(7)

이제부터 빙고판을 이용한 빙고 놀이를 해 볼 거야.
주사위 두 개를 굴려서 나오는 숫자들을 곱하고, 곱한 값을 찾아 빙고를 완성하는 놀이야!
가로, 세로, 대각선에서 3개의 동그라미를 나란히 한 줄로 먼저 모으는 사람이 이기는 게임이야!
만약, 곱한 값을 찾았는데, 이미 동그라미가 되어 있다면
동그라미가 없는 숫자 칸 중 내가 원하는 한 칸에 동그라미를 할 수 있어!
엄마는 파란색으로 동그라미를 그리고 싶은데, 수학이는 어떤 색으로 동그라미표 해 볼까?

### 엄마의 설명 ② 우·수·반꾸러미(7)

엄마는 주사위 숫자 4와 4가 나왔네! 4 곱하기 4는 어떻게 계산해야 할까?
4 곱하기 4는, 4를 4번 더한다는 뜻이야!
4를 1번 더하면 4, 2번 더하면 8, 3번 더하면 12, 4번 더하면 16 그러니까 답은 16이야.

| 1 | 12 | 4 | 10 | 18 |
|---|----|----|----|----|
| 5 | 6 | 20 | 25 | 30 |
| 2 | 12 | 24 | 30 | 36 |
| 8 | 20 | 12 | 15 | 6 |
| 4 | (16) | 10 | 24 | 3 |

빙고판에서 16을 찾아서 동그라미 할게!

4 곱하기 5는 어떻게 계산해야 할까?
4 곱하기 5는 4를 5번 더한다는 뜻이지? 방금 4를 4번 더했으니까, 4를 몇 번 더 더하면 될까?
맞아! 한 번만 더 더하면 되겠다! 16에서 4를 더하니, 답은 20이지!

자, 이번에는 수학이 차례야. 과연 어떤 수가 나올까? 주사위를 굴려 봐!

### ◆ 보드게임으로 수학 놀이

| | '우·수·반' 선정 이유 | 가격 |
|---|---|---|
| 드랍더네트 | 아이들은 낚싯대만 봐도 이미 눈이 초롱초롱 빛난다. 물고기를 실제로 낚는다는 행위 자체만으로도 아이들의 흥미는 일단 보장하는 보드게임이다. 게임 방법은 간단하다. 네 개의 모양 네트로 물고기들을 잡으면 된다. 재밌는 점은 이 물고기들의 몸값을 올릴 수 있다는 것이다. 내가 낚은 물고기를 가장 비싸게 팔고 싶다면, 같은 물고기를 낚아서 가격을 올리면 된다. 곱셈의 기본 개념을 이해하기 좋은 보드게임이다. | 2만 원 후반 |
| **이 보드게임을 선택한 이유 세 가지**<br>첫째, 낚싯대로 물고기를 낚는 행위 자체가 아이들의 흥미를 끌어 보드게임에 대한 참여를 유도한다.<br>둘째, 단순히 물고기를 낚는 행위를 넘어서, 내가 낚은 물고기의 가격을 올릴 수 있는 장치가 있다. 같은 물고기를 반복해서 낚아 최대 5배까지 가격을 올릴 수 있으며, 물고기 값을 계산하는 과정에서 곱셈의 기본 개념을 익힐 수 있다.<br>셋째, 가장 높은 점수를 얻기 위해 물고기를 전략적으로 낚아 올려야 한다. 전략을 생각하는 동안 자연스레 수 감각이 발달된다는 장점이 있다. | | |

## 곱셈 기본 개념
**엄마의 설명 ①**

> 엄마와 물고기 가게 놀이를 해 보자! 어부와 가게 사장님 중에 어떤 역할을 먼저 해보고 싶어?

좋아! 어부 역할을 하고 싶다면 어떤 물고기를 가장 많이 잡고 싶어?
원하는 물고기를 정해 가격표에 물고기들을 올려 볼까?

가격표에 물고기를 하나씩 올릴 때마다 가격이 1배, 2배, 3배, 4배,
5배까지 올라갈 수 있어! 좋아하는 물고기는 많이,
좋아하지 않는 물고기는 적게 올려서 가격표를 만들어 보자!
수학이가 만든 가격표를 살펴볼까?

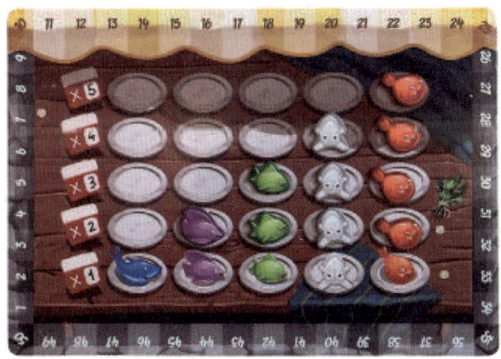

빨간색 물고기가 가장 비싸구나. 한 마리를 잡으면 5배나 이익이 생기네!

**엄마의 설명 ②**

사장님! 물고기를 이만큼 잡아 왔어요.
파란색 물고기 1마리, 보라색 물고기 2마리, 초록색 물고기 3마리를 잡았어요.
이 물고기를 가게에 팔고 싶어요. 계산해 주세요!

**엄마의 설명 ③**

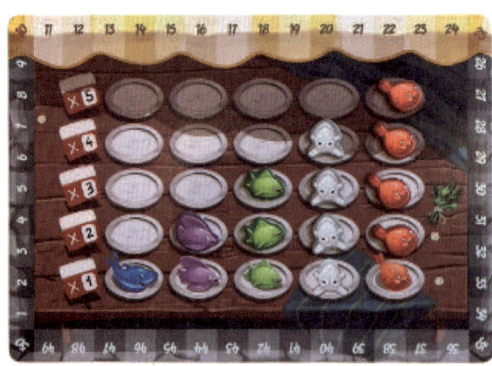

상어(파란색 물고기) 1마리 가격은 1마리가 1만큼이니까 1,
가자미(보라색 물고기) 2마리 가격은 1마리가 2만큼이니까 2 + 2,
우럭(초록색 물고기는) 3마리 가격은 1마리가 3만큼이니까 3 + 3 + 3,
모두 합하면 얼마일까요?

## 엄마의 설명 ④

그런데 2 + 2, 3 + 3 + 3이라고 말하니까 너무 길지?
더 짧게 말하는 방법이 있어! 바로, 곱하기라는 아이를 쓰면 된대.
2가 2개니까 2 × 2, 3이 3개니까 3 × 3, 이렇게 약속하기로 하자!

## ◆ 개념 마무리

아이들의 세계는 다양한 곱셈으로 둘러싸여 있다. 책상다리, 자동차 바퀴, 동물의 다리 수 등 짝을 이룬 것들은 모두 곱셈의 기초가 된다. 이처럼 실생활에서 자주 접하는 곱셈을 놓치지 않고 아이와 함께 발견해 보기를 바란다. 곱셈의 기본 개념을 이해할 때 가장 중요한 건, 곱셈을 단순 암기로 외우는 것이 아니라 곱셈식을 같은 수의 반복적인 덧셈으로 풀어서 말해 보는 것이다. 이렇게 기본 원리를 알고 곱셈을 학습하면, 자연스레 묶어 세기와 뛰어 세기가 같은 개념임을 알 수 있다. 곱셈의 기본 개념을 놀이로 익힌 아이들은, 수가 커지더라도 곱셈을 마냥 부담스럽게 느끼지 않는다. 예를 들어, 20 × 20 = 400은 쉬운 계산이지만, 20 × 19는 어려운 계산이다. 이때 곱셈의 기본 원리를 이해하고 있는 아이라면, 20 × 19는 20 × 20에서 20 하나를 뺀 것임을 이해하여 380을 계산할 수 있다.

**3학년 1학기 3단원 나눗셈**

# ⑪ 어려운 기호보다 쉬운 경험으로 접근하는 나눗셈

아이들은 나눗셈의 개념을 3학년 때 처음 배우게 된다. 그렇다면 유아기에는 나눗셈의 개념을 이해하지 못할까? 그렇지 않다. 나눗셈이 필요한 경우는 이미 아이들의 실생활에서 발생하고 있기 때문이다. 놀이터에서 친구와 놀다 보면, 사탕 6개를 3명에게 똑같이 나눠야 하는 상황이 생긴다. 이 경우, 아이들은 자연스럽게 2개씩 사탕을 나눠 가진다. 어떤 때는 사탕은 4개인데, 아이들은 5명이 있어서 똑같이 나누지 못하는 경우도 생긴다. 이처럼 아이들은 은연중에 똑같이 나누어지는 것과 나머지가 생기는 상황을 경험하고 있다.

곱셈의 기초가 덧셈이었다면, 나눗셈의 기본은 뺄셈이다. 앞서 덧셈과 뺄셈을 익히는 상황을 충분히 경험했기에, 이번 장에서도 나눗셈의 기초 개념을 이해할 수 있는 다양한 활동을 통하여 즐겁게 익혀 보고자 한다. 나눗셈을 단순히 곱셈의 역으로 외워서 해결하려고 하면, 아이들은 분수의 나눗셈에서 개념적 오류를 겪을 위험성이 크다. 이 시기에 중요한 것은, 나누는 상황을 다양한 방식으로 충분히 익혀 보는 것이다.

| 2학년 1학기 6단원 | 3학년 1학기 3단원 | 3학년 2학기 3단원 |
|---|---|---|
| • 묶어세기, 곱셈의 의미·몇의 몇 배, 곱셈식 | • 나눗셈식 알아보기 | • 나머지가 있는 (두자리수)÷(한자리수) |

## ◆ 우수반 필수 개념

### 나눗셈
➡ 더 이상 뺄 수 없을 때까지 같은 수를 반복하여 뺄셈하는 것

동수누감(同數累減): 같은 수를 여러 번 뺌

예) 16 - 2 - 2 - 2 - 2 - 2 - 2 - 2 - 2 = 0

### 몫
➡ 나눗셈을 해서 얻은 수(나눗셈의 결과로 같은 수를 몇 번 뺄 수 있는지를 나타내는 수)

예) 16 ÷ 2 = 8 (16에서 2를 8번 뺄 수 있음, 8번 뺄 수 있는 횟수를 '몫'이라 부름)

### 나머지
➡ 나눗셈의 결과로 더 이상 같은 수를 뺄 수 없는 경우에 남은 수

예) 16 ÷ 3 = 5 ⋯ 1 (16에서 3을 5번 빼고 남은 수 1을 '나머지'라고 부름)

## ◆ 엄마가 알려주는 수학 놀이

**준비물**
작은 상자(곽휴지, 필통 등), 젤리, 투명 컵, 우·수·반꾸러미(3) 1~9 숫자, 우·수·반꾸러미(6), 우·수·반꾸러미(8)

### 나누어떨어지는 나눗셈 경우
**엄마의 설명 ① 우·수·반꾸러미(3) 활용**

\* 상자에서 두 가지 수를 고를 때, 나누어떨어지는 경우와 나누어떨어지지 않는 경우가 나옵니다. 아래 두 가지 설명을 보고 참고해서 진행해 주세요.

> 상자 안에 무엇이 들어 있을까? 상자에서 숫자 카드 2개를 뽑아 볼 거야!
> 그런데 규칙 하나가 있어. 큰 숫자와 작은 숫자가 나왔지?
> 큰 숫자(8)만큼 젤리를 컵에 담을 거야. 그리고 작은 숫자(2)만큼 젤리를 컵에서 뺄 거야.
> 젤리를 몇 번 빼면, 컵에 있는 젤리가 모두 없어질까?

**엄마의 설명 ②**

젤리 8개를 가져와 볼래? 작은 숫자는 2가 나왔지? 이제 젤리를 2개씩 컵에서 빼볼까?

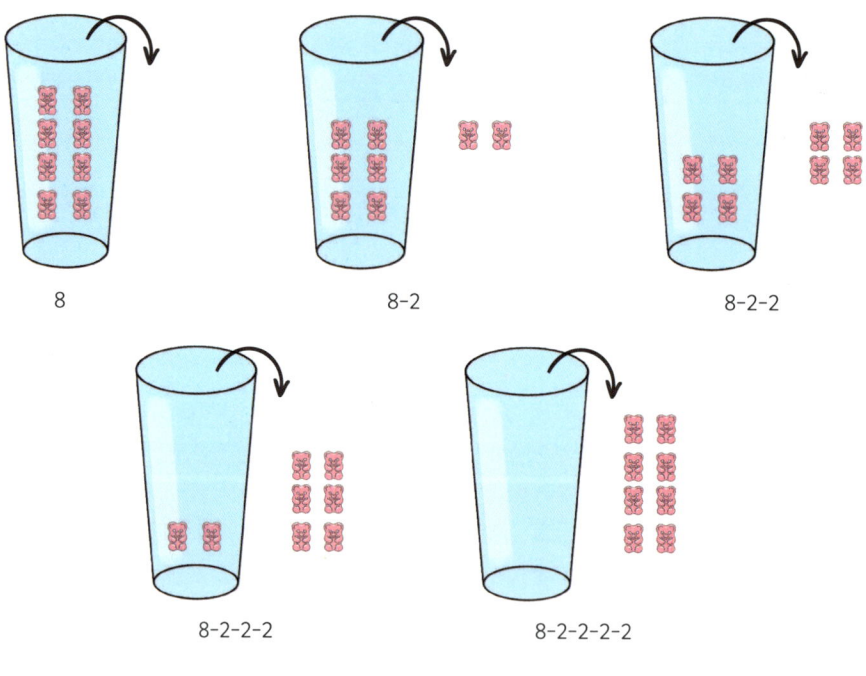

젤리를 2개씩 몇 번 뺐더니 빈 컵이 됐지?
아하, 4번이네!

**엄마의 설명 ③ 우·수·반꾸러미(6), 우·수·반꾸러미(8)**

우리가 뽑은 두 숫자에는 각자의 이름이 있어.
큰 수는 '나누어지는 수', 작은 수는 '나누는 수', 그리고 이때 나눗셈 기호(÷)를 써!
나눗셈 이름표와 나눗셈 기호를 찾아서 올려 볼까?

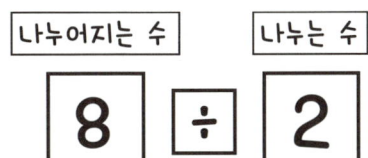

 **나머지가 있는 나눗셈의 경우**
**엄마의 설명 ① 우·수·반꾸러미(3)**

상자에서 숫자 두 개를 또 뽑아 볼까?

어떤 숫자가 나왔어? 이번에는 7과 3이 나왔네!

**엄마의 설명 ②**

7과 3중에 어떤 수가 크지? 맞아! 젤리 7개를 컵에 담아 보자!

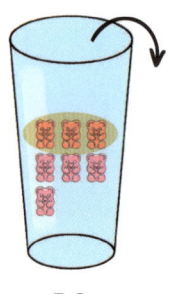

7-3

작은 숫자는 3이네! 컵에서 젤리 7개를 3개씩 빼볼까?
어라, 이상한 점이 있네? 더 이상 젤리가 3개씩 없네? 이런 젤리를 '나머지'라고 해!

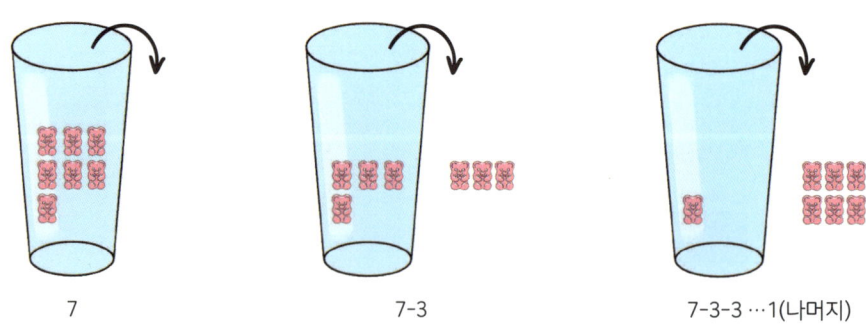

7　　　　　　7-3　　　　　　7-3-3 …1(나머지)

이름이 다르면 여러 사람이 헷갈릴 수 있으니까,
이렇게 남은 숫자를 '나머지'라고 부르고 있어.
나머지 젤리는 가위바위보에서 이긴 사람이 먹어 볼까?

### 엄마의 설명 ③ 우·수·반꾸러미(6), 우·수·반꾸러미(8)

> 각 숫자의 이름을 찾아줘 볼까? 나눗셈 기호도 찾아줘! 남은 곰돌이 젤리 이름은 뭐였지?

| 나누어지는 수 | 나누는 수 | 나머지 |
|:---:|:---:|:---:|
| 7 | ÷ 3 |  |

## ♦ 보드게임으로 수학 놀이

| | '우·수·반' 선정 이유 | 가격 |
|---|---|---|
| 달팽이 우주여행 | 자석 달팽이들이 숫자 우주여행을 떠난다! 이 보드게임의 가장 좋은 점은 네 가지 사칙연산(+,-,×,÷)을 모두 경험할 수 있다는 것이다. 아이의 수준과 연령을 고려하여 폭넓게 게임을 활용할 수 있다. 블랙홀, 로켓, 미션 카드 등과 같은 재미 요소가 있어서 게임이 한층 흥미롭다. | 2만 원<br>초중반 |

**이 보드게임을 선택한 이유 세 가지**
첫째, 목적지에 도착하는 수가 40이기에 게임이 지나치게 길어지지 않는다. 아이의 흥미와 집중도를 유지하기 좋다.
둘째, 4세~6세용, 7세~9세용, 초등 고학년 이상용 연령대에 맞는 게임 규칙을 각각 제시하여 활용도가 폭넓다.
셋째, 게임판과 게임 말이 자석으로 되어 있어서 이용, 보관, 정리가 간편하다.

 ## 나누어떨어지는 나눗셈의 경우

**준비물**
주사위 2개, 젤리, 접시, 우·수·반꾸러미(8)

* 주사위를 2개 굴려서 나오는 수끼리 나누어 떨어지는 상황과 나머지가 있는 상황이 있습니다. 아래 두 가지 상황을 참고하여 놀이를 진행해 주세요!

### 엄마의 설명 ①

주사위 2개를 굴려서 젤리를 나누는 게임을 해 볼 거야!

젤리를 나누기 위해선, 뺄셈이 필요해!

주사위 규칙을 말해 줄게. 주사위 2개 중 큰 숫자와 작은 숫자가 있지?
더 큰 숫자(4)를 더 작은 숫자(2)로 여러 번 뺄 거야!
이렇게 젤리를 작은 숫자(2)로 여러 번 빼는 걸 우리는 나눗셈이라고 불러.
주사위에서 나눗셈 기호(÷)를 찾으면 돼!

### 엄마의 설명 ②

> 숫자 4와 2 중에 어떤 수가 더 크지? 접시에 숫자 4만큼 젤리를 담아 보자!
> 이제 젤리를 2개씩 밖으로 옮겨 볼까? 젤리를 몇 번 옮겼더니 접시에 젤리가 없어졌지?
> 2개씩 2번을 뺐더니 없어졌구나!

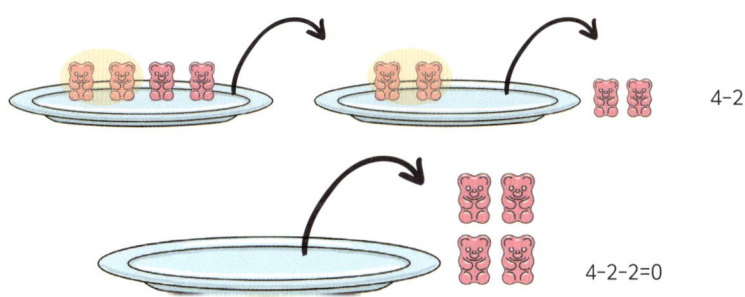

* 3학년에 '몫'이라는 개념이 나옵니다.
* 아이가 수월하게 이해한다면, 이때 몫의 개념도 함께 알려주면 좋아요.
"이렇게 젤리를 몇 개씩 뺀 횟수를 몫이라고 해!"

### 엄마의 설명 ③ 우·수·반꾸러미(8)

> 주사위를 굴려 나왔던 수에는 이름이 있어! 큰 수는 '나누어지는 수', 작은 수는 '나누는 수'라고 해!
> 주사위 위에 이름표를 올려 줄까?

* 나누는 수가 더 큰 경우는 추후 분수를 통해 학습합니다!

## 나머지가 있는 나눗셈 경우

**준비물**
주사위 2개, 젤리, 접시, 우수반꾸러미(8)

### 엄마의 설명 ①

주사위 2개를 굴려 보자! 5와 2가 나왔네! 둘 중에 어떤 수가 더 크지?
큰 수(5)에서 작은 수(2)를 여러 번 빼 보자!
몇 번 뺄 수 있을까?

### 엄마의 설명 ②

젤리 5개를 접시에 담아 보자! 이제 젤리를 2개씩 빼 볼까?

5 - 2

젤리가 아직 남았지? 한 번 더 2개를 더 빼볼까?

5 - 2 - 2

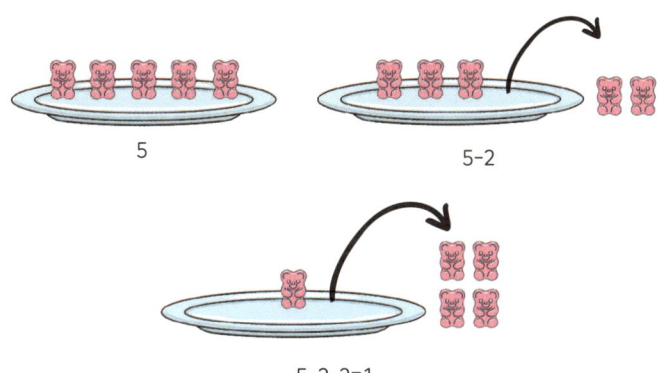

5

5-2

5-2-2=1

어라! 이상한 점이 있네? 젤리 1개가 남았잖아! 젤리를 2개씩 뺄 수가 없어. 이렇게 남은 젤리를 뭐라고 불렀었지? 맞아, 나머지야. 젤리 5개에서 2개씩 2번 뺐더니, 1개의 젤리가 남았네!

### 엄마의 설명 ③ 우·수·반꾸러미(8)

숫자 5와 2에 이름표를 붙여 보자! 어떤 이름표였지?
5는 '나누어지는 수', 2는 '나누는 수', 그리고 하나 남은 곰돌이 젤리는?
맞아! '나머지'라는 이름표지?

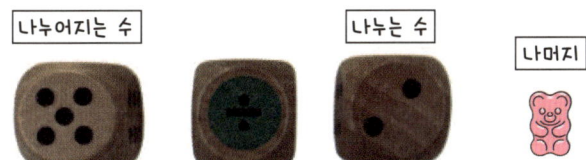

나누어지는 수     나누는 수     나머지

### ◆ 개념 마무리

주문한 피자를 가족끼리 몇 조각씩 나누어 먹을지, 놀이터에서 만난 친구들에게 빼빼로를 몇 개씩 나누어 줄지 등 아이들은 이미 실생활에서 나눗셈 상황을 다양하게 만나고 있다. 다만 나눗셈이라고 인지하지 못할 뿐이다.

나눗셈은 몫, 나머지, 나누어지는 수, 나누는 수 같은 용어와 함께 배우게 되면 어렵게 느껴질 수 있다. 나눗셈은 쉬운 개념이 아니기 때문에, 우리가 이전에 이미 경험했던 뺄셈 상황과 연결해 설명해 주어야 한다. 이처럼 낯선 개념일수록 구체적인 경험으로 만나고, 여러 번 반복하며 개념을 익히는 것이 중요하다. 아이들이 나눗셈에 흥미를 느낄 수 있도록, 평소 아이들이 좋아하는 젤리, 초콜릿, 피규어 등을 이용하여 나눗셈 상황을 다양하게 만들어 보자. 주사위, 상자에서 숫자 뽑기 등 방법은 무궁무진하다. 이러한 활동을 통해 나누어지는 수, 나누는 수, 나머지, 나눗셈 기호 등을 자연스럽게 접한 뒤, 이 개념들의 이름을 연결해 주자. 추상적인 개념을 쉽게 이해하는 절호의 기회가 될 것이다.

## 수와 연산에서 꼭 알아야 할 핵심 어휘

| 수와 연산 수학 어휘 정리 | | |
|---|---|---|
| 핵심 수학 어휘 | 어휘 풀이 | 교과서 속 문장 |
| 순서수 | '첫째', '둘째'와 같이 대상이 순서대로 나열되었을 때 상대적인 위치를 나타내는 수 | "순서대로 수를 놓아 봅시다." |
| 1만큼 더 큰 수 1만큼 더 작은 수 | 1을 더해서 만든 수, 1을 빼서 만든 수 | "1만큼 더 큰 수와 1만큼 더 작은 수를 알아봅시다." |
| 수의 크기 비교 | 어떤 수가 어떤 수보다 큰지, 작은지를 파악하는 활동 | "두 수의 크기를 비교해 봅시다." |
| 가르기 | 하나의 수를 둘로 나누는 것 | "모은 고구마를 2개와 5개로 갈라 보세요." |
| 모으기 | 두 수를 하나의 수로 모으는 것 | "모으기와 가르기를 수로 나타내 봅시다." |
| 보수 | 합해서 특정수를 만들기 위해 필요한 수, 짝꿍 수라고 표현하기도 함 | "여러 가지 방법으로 10을 가르기 해 봅시다." |
| 앞으로 세기 | 어떤 수에서 출발해서 큰 수 쪽으로 수를 세는 방법 | "순서대로 수를 따라가 봅시다." |
| 거꾸로 세기 | 어떤 수에서 출발해서 작은 수 쪽으로 수를 세는 방법 | "순서를 어떻게 말할지 이야기해 봅시다." |
| 뛰어 세기 | 어떤 수에서 시작해서 2, 3, 4 등 몇씩 건너뛰어 세는 방법 | "100씩, 10씩, 1씩 뛰어 세어 봅시다." |

| | | |
|---|---|---|
| **100까지의 수** | 1~100까지의 수의 연속성을 아는 것 | "100까지 세어 보고, 수로 나타내 볼까요?" |
| **100이 되는 수** | 99보다 1 큰 수, 90보다 10 큰 수 등 100이 되는 수를 아는 것 | "99보다 1만큼 더 큰 수를 100이라고 해." |
| **짝수** | 둘씩 짝을 지을 때 남는 것이 없는 수<br>예: 2, 4, 6, 8… | "수를 세어 쓰고 둘씩 짝을 지어 짝수인지 홀수인지 알아봅시다." |
| **홀수** | 둘씩 짝을 지을 때 남는 것이 있는 수<br>예: 1, 3, 5, 7… | "짝수, 홀수 알아맞히기 놀이를 해 봅시다." |
| **묶음** | 하나로 모아서 묶어 놓은 것 또는 묶어 놓은 것을 세는 단위<br>예: 30개는 10개씩 하나로 모아서 묶어 3개의 묶음이 됨. 그리고 30개는 10개씩 3개의 묶음(단위)으로 셀 수 있음. | "10개씩 묶어 세어 볼까요?" |
| **낱개** | 묶고 남은 것 또는 묶고 남은 것을 세는 단위<br>예: 34개는 10개씩 하나로 모아서 묶어 3개의 묶음과 4개의 낱개가 됨. 그리고 34개는 10개씩 3개의 묶음과 4개의 낱개(단위)로 셀 수 있음. | "10개씩 묶어 보고, 10개씩 묶음과 낱개의 수를 써 봅시다." |
| **자릿값** | 숫자가 위치한 자리에 따라 정해지는 값(또는 이름)을 의미함.<br>예: 42에서 '4'는 10개씩 묶음 4개를, '2'는 낱개 2개를 나타냄 | "각 자리의 숫자는 얼마를 나타낼까요?" |

| | | |
|---|---|---|
| 한 자리 수 덧셈 | 두 수의 합이 9 이하의 덧셈 상황을 인식하고, 다양한 방법으로 더하기 | "달걀은 모두 몇 개인지 덧셈을 해 봅시다." |
| 한 자리 수 뺄셈 | 두 수의 차가 9 이하의 뺄셈 상황을 인식하고, 다양한 방법으로 빼기 | "남은 오이의 수를 어떻게 구할지 이야기해 봅시다." |
| (몇)+(몇)=(십몇) | 두 수의 합이 10부터 19 이하인 덧셈 상황을 인식하고, 다양한 방법으로 더하기 | "9와 몇을 더해 10을 만들어 계산할 수 있어요." |
| 받아올림이 있는 덧셈 | 같은 자리의 수끼리 더한 값이 10이거나 10보다 큰 경우, 윗자리로 10만큼 올려 같은 위 자릿수끼리 더하는 방법<br>예: 27 + 36에서, 7 + 6 = 13으로 받아올림을 하여 윗자리 2 + 3 + 1 = 6이 된다. | "수 모형으로 27+35를 구해 봅시다" |
| 받아내림이 있는 뺄셈 | 같은 자리의 수끼리 뺄 수 없는 경우 바로 윗자리에서 10만큼 가져와서 빼주는 방법<br>예: 43 - 27에서, 3에서 7을 뺄 수 없으므로 윗자리 4에서 10을 가져와 13 - 7 = 6, 윗자리 3 - 2 = 1이 되어 결과는 16이 된다. | "54-26을 어떻게 계산하는지 알아봅시다." |
| 곱셈 | 같은 수를 반복적으로 덧셈하는 것<br>(동수누가同數累減=같은 수를 여러 번 더함)<br>예: 2 + 2 + 2 + 2 + 2 + 2 + 2 + 2 + 2 = 2 × 9 | "물고기가 몇 마리씩 많아지는지 알아봅시다." |

| | | |
|---|---|---|
| **나눗셈** | 더 이상 뺄 수 없을 때까지 같은 수를 반복하여 뺄셈하는 것<br>(동수누감同數累減=같은 수를 여러 번 뺌)<br>예: 16 - 2 - 2 - 2 - 2 - 2 - 2 - 2 - 2 = 0 | "색종이 6장을 2명이 똑같이 나누어 가지려면 한 명이 몇 장씩 가질 수 있는지 알아볼까요?" |
| **몫** | 나눗셈해서 얻은 수(나눗셈의 결과로 같은 수를 몇 번 뺄 수 있는지를 나타내는 수)<br>예: 16에서 2를 8번 뺄 수 있음, 8번 뺄 수 있는 횟수를 '몫'이라 부름 | "토마토 24개를 한 상자에 6개씩 담아 포장하려고 해요. 필요한 상자의 수를 구하는 식을 써 볼까요?" |
| **나머지** | 나눗셈의 결과로 더 이상 같은 수를 뺄 수 없는 경우 남은 수<br>예: 16에서 3을 5번 빼고 남은 수 1를 '나머지'라고 부름 | "4명씩 몇 모둠을 만들고, 몇 명이 남는지 알아보세요. 4명씩 □모둠을 만들고, □명이 남습니다." |

## 수와 연산 로드맵 사용 방법

이 로드맵은 수와 연산의 핵심 개념 11가지를 차례대로 정립할 수 있도록 구성했다. ①번부터 ⑪번까지 순서대로 진행해 나가면, 나눗셈 개념까지 도달할 수 있다. 혹시 아이가 ⑧번 한 자리 수 덧셈과 뺄셈을 어려워한다면, 그 전 단계 개념들(①~⑦번)을 다시 한번 점검해 보자. 아이의 연령과 수준에 따라서 꼭 ①번부터 시작하지 않아도 괜찮다.

| 로드맵 순서 | 핵심 개념 | 선정한 보드게임 | 본문 | 관련 교육과정 |
|---|---|---|---|---|
| ① | 9까지의 수 | 개구리 알먹기 | 37쪽 | 1학년 1학기 1단원 |
| ② | 가르기, 모으기 | 셈셈수놀이 | 47쪽 | 1학년 1학기 3단원 |
| ③ | 10의 보수 | 아이씨텐 | 56쪽 | 1학년 1학기 5단원 |
| ④ | 앞으로 세기, 거꾸로 세기, 뛰어세기 | 쑥쑥 키재기 벌레 | 63쪽 | 1학년 1학기 5단원 |
| ⑤ | 100까지의 수 | 스머프 사다리게임 | 74쪽 | 1학년 2학기 1단원 |
| ⑥ | 짝수, 홀수 | 오드월드 | 85쪽 | 1학년 2학기 1단원 |
| ⑦ | 묶음, 낱개, 자릿값 | 텀블링 몽키 | 94쪽 | 1학년 1학기 5단원 |

| | | | | |
|---|---|---|---|---|
| ⑧ | **한 자리 수<br>덧셈과 뺄셈** | 신비아파트<br>덧셈뺄셈 오목게임 | 105쪽 | 1학년 1학기 3단원,<br>1학년 2학기 4단원 |
| ⑨ | **받아올림이 있는 덧셈,<br>받아내림이 있는 뺄셈** | 구십구 포켓몬 | 122쪽 | 2학년 1학기 3단원 |
| ⑩ | **곱셈** | 드랍더네트 | 134쪽 | 2학년 2학기 2단원 |
| ⑪ | **나눗셈, 몫, 나머지** | 달팽이 우주여행 | 145쪽 | 3학년 1학기 3단원 |

# 3장
# 변화와 관계: 논리에 강한 아이로 키우는 규칙성 놀이

**1학년 2학기 5단원 규칙 찾기**

#  색깔 패턴으로 추론 능력을 익혀라!

　유아기부터 아이들은 다양한 규칙을 마주한다. 해가 뜨고 지는 것, 외출하고 돌아오면 손을 씻는 것, 매일 세 끼를 먹는 것, 옷의 패턴이 반복되는 것 등 일상 안에서 아이들은 이미 다양한 규칙을 발견하고 있다. 하지만 규칙을 단순히 경험하는 것과 발견하고 이해하는 데는 분명한 인식의 차이가 존재한다. 아이들과 함께 일상에서 반복되는 규칙이 무엇인지 이야기를 나눠보자. 우리가 매일 경험하는 것과, 색깔과 모양 등이 반복되는 것이 크게 다르지 않다는 것을 연결할 수 있다.

　유아기의 첫 규칙 학습은 색깔이나 모양으로 시작하면 좋다. 아이들이 자주 접하고, 쉽게 찾을 수 있기 때문이다. 다음에 올 색깔이 무엇인지 어떤 모양이 반복될지 함께 찾아보는 활동을 통해 아이들이 규칙을 발견하는 즐거움을 느낄 수 있도록 도와주자.

| 누리과정 | 1학년 2학기 5단원 | 2학년 2학기 6단원 |
|---|---|---|
| • 주변에서 반복되는 규칙 찾기 | • 물체, 무늬, 수 배열에서 규칙 탐구하기 | • 쌓은 모양에서 규칙 찾기와 규칙 만들기 |

### ◆ 우수반 필수 개념

### 패턴
→ 일정한 형태나 색이 규칙에 따라 반복되는 것

### 색의 패턴
→ 반복되는 색의 규칙 찾기

### ◆ 엄마가 알려주는 수학 놀이

**준비물**
우·수·반 꾸러미(1), 젤리, 사탕 등

**엄마의 설명 ①**

수학이가 좋아하는 젤리로 규칙 만들기 놀이를 할 수 있어! 엄마가 먼저 만들어 볼게! 파란색 다음에 올 젤리는 뭘까?

정말 잘 찾네! 이번에는 수학이가 규칙을 만들어 볼까?

## 엄마의 설명 ②

엄마가 스케치북에 동그라미를 그렸어!
그런데 색깔이 없는 동그라미가 보이지? 어떤 색이 오면 좋을까? 수학이가 색연필로 색칠해 줄래?

* 아이의 수준에 따라 빈칸 찾기 수를 조정하여 그려주세요.

### AB 패턴

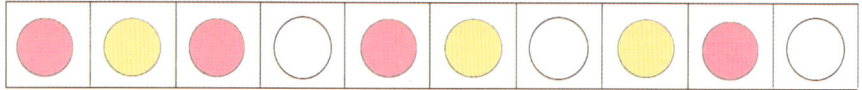

### ABA 패턴

### ABB 패턴

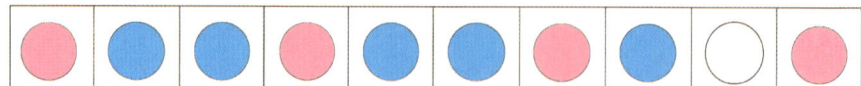

### ABC 패턴

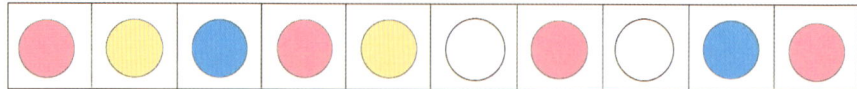

## ◆ 보드게임으로 수학 놀이

| | '우·수·반' 선정 이유 | 가격 |
|---|---|---|
| <br>서펜티나 | 다양한 색을 연결해서 가장 긴 뱀을 만드는 사람이 이기는 게임이다. 다음에 올 색을 예측하여 알록달록한 뱀을 만들 수 있다. 규칙이 간단하고, 어렵지 않아 영유아기 아이들의 첫 보드게임으로 선택한다. | 2만 원<br>중후반 |
| **이 보드게임을 선택한 이유 세 가지**<br>첫째, 색의 규칙을 익힐 수 있다.<br>둘째, 규칙이 간단해서 어린 영유아도 즐겁게 참여할 수 있다.<br>셋째, 한 손에 들어오는 작은 보드게임이라 외출 시에 들고 다닐 수 있다. | | |

### 색의 패턴
**엄마의 설명 ①**

세상에서 제일 긴 뱀을 만들어 볼까? 긴 뱀을 만들기 위해서는 똑같은 색깔을 찾아줘야 한대! 초록색 다음에는 파란색… 파란색 카드 다음에는 카드 두 개 중에서 어떤 카드를 붙여야 할까?

### 엄마의 설명 ②

> 우와! 너무 잘 찾네! 이번에는 카드 세 개 중에서 찾아볼까? 가장 긴 뱀을 만들어 주기 위해서 다음에 올 색은 어떤 걸까?

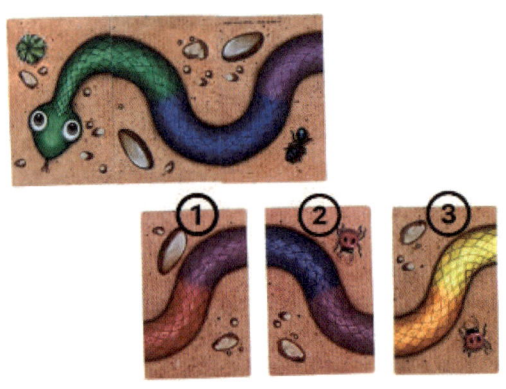

> 맞아, ①번과 ②번이야! 카드를 붙여 볼까?

### ◆ 개념 마무리

색의 패턴 찾기는 어른의 시선으로 보면 간단하고 쉬운 개념이다. 그렇기에 아이가 제대로 이해하고 있는지 개념을 꼼꼼하게 점검하지 않고 넘어가는 경우가 많다. 실제로 아이들도 ABAB 형태의 2개 패턴 반복은 손쉽게 찾아내기도 한다. 하지만 3개 이상의 패턴이 반복되면 전체적인 규칙을 찾는

데 어려움을 느끼는 경우가 많다.

　규칙 찾기는 덧셈이나 뺄셈 같은 연산뿐만 아니라, 도형, 함수 등 수학의 다양한 영역에서 고루 쓰이는 개념이다. 따라서 규칙 찾기의 가장 기본 속성인 색의 패턴 찾기를 풍부하게 경험해 보는 것이 중요하다.

**2학년 2학기 6단원 규칙 찾기**

# ② 모양 패턴으로 논리 능력을 잡아라!

생활 속에서 다양한 색의 패턴을 찾아보았다면, 이번에는 모양의 패턴을 찾아보자. 주위를 조금만 둘러보면 모양 패턴은 곳곳에서 발견할 수 있다. 화장실 타일 무늬, 옷의 무늬, 이불의 무늬 등 다양하다. 모양 속성은 영유아기 아이들에게 생활 속에서 친숙하기 발견할 수 있기에 색 속성 다음으로 익히기 좋은 요소다. 색의 패턴, 모양 패턴, 색과 모양 패턴 등 다양한 상황 속에서 규칙을 찾아내는 활동은 수학적 능력을 키우는 데 중요한 도움을 준다. 문제 상황에서 다양한 규칙을 찾고, 아이만의 관점에서 창의적인 규칙을 만들어 보자. 이번에는 어떤 모양 규칙을 찾아볼 수 있을까?

| 1학년 2학기 5단원 | 2학년 2학기 6단원 | 3~4학년군 |
|---|---|---|
| • 반복 규칙에서 규칙 찾기 | • 여러 가지 무늬에서 규칙 찾고 규칙 만들기 | • 규칙을 수나 식으로 나타내기 |

### ◆ 우수반 필수 개념

#### 모양 패턴
➡ 반복되는 모양의 규칙 찾기

### ◆ 엄마가 알려주는 수학 놀이

**준비물**
다양한 모양의 과자, 10칸 패턴 종이(스케치북), 색연필

## 모양 패턴
### 엄마의 설명 ①

약과는 무슨 모양이지? 맞아, 동그라미야. 크래커는 무슨 모양이야? 맞아, 네모야. 우리가 좋아하는 과자로도 규칙을 만들 수가 있어! 크래커 다음에 어떤 과자가 오면 될까?

모양이 조금 바뀌었지? 규칙을 찾을 수 있겠어? 찾은 규칙대로 과자를 놓아 볼까?

### 엄마의 설명 ②

이번에는 스케치북에 모양을 그려 볼 거야! 그런데 중간에 모양이 없는 빈칸이 있지?
어떤 모양이 오는지 수학이가 그려 줄 수 있을까?

그리기 싫다면, 수학이가 모양을 말해 줘! 엄마가 그려 줄게.
이제 다음과 같은 새로운 그림의 빈칸을 채워 보자.

*아이가 그림 그리는 걸 어려워하거나 좋아하지 않는다면,
아이가 말한 모양을 엄마가 그려줘도 괜찮아요!

**AB 패턴**

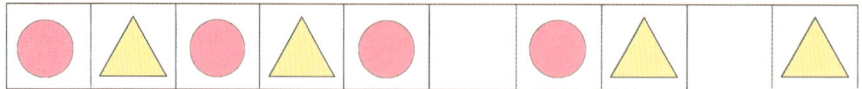

**ABA 패턴**

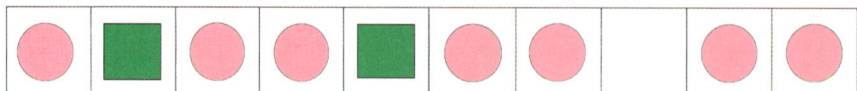

ABB 패턴

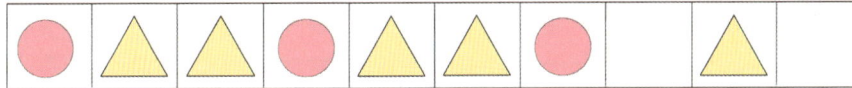

ABC 패턴

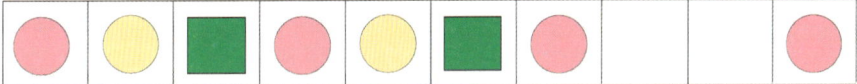

### ◆ 보드게임으로 수학 놀이

| | '우·수·반' 선정 이유 | 가격 |
|---|---|---|
| 쿠키박스 포켓몬 | 카드에 그려진 포켓몬을 빠르게 배치해 보는 게임이다. 게임의 규칙 자체는 규칙성과 관련성이 없지만, 규칙성을 배우기 전에 필요한 모양을 익히기에 좋은 보드게임이다. 이 게임을 통해 민첩성과 시지각 능력을 향상할 수 있으며, 규칙성과 연결된 게임으로 확장할 수 있다. | 1만 원<br>중후반 |

**이 보드게임을 선택한 이유 세 가지**
첫째, 규칙 찾기 이전에 필요한 모양 익히기를 할 수 있다.
둘째, 포켓몬 캐릭터 외에도, 같은 규칙을 가진 쿠키 모양의 보드게임이 있어 (쿠키박스 보드게임) 아이의 흥미에 따라 선택할 수 있다.
셋째, 순발력과 민첩성을 기를 수 있다.

## 모양 패턴
### 엄마의 설명 ①

포켓몬으로 규칙을 만들어 보자!
엄마가 먼저 만들어 볼게. 파이리 다음에 와야 하는 포켓몬은 누구일까?

이번에는 수학이가 엄마한테 문제를 내 줘!

### 엄마의 설명 ②

이번에는 포켓몬 스피드 게임을 해 볼 거야!
포켓몬 세 마리가 포함된 규칙 세 가지를 가장 먼저 만드는 사람이 종을 치는 거야!
이렇게 만들면 돼. ➡ 아래 그림을 통해 만드는 방법을 알려주기!
시작해 볼까?

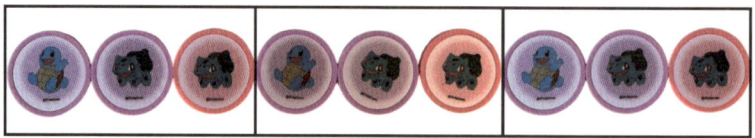

### ◆ 개념 마무리

　모양 패턴이 2개 정도 반복될 때는 규칙을 쉽게 발견하다가, 색과 모양이 섞인 패턴이 3개 이상 반복되면 아이는 당황한다. 전체적인 규칙이 생각보다 한눈에 들어오지 않기 때문이다. 따라서 색과 모양 패턴의 반복을 쉽다고 그냥 넘어가선 안 된다.

　규칙 찾기는 앞에서도 말했던 것과 같이 중고등학교 수학의 함수 개념과도 연결된다. 문제집 속의 딱딱한 규칙 찾기 문제보다, 아이가 좋아하는 과자나 좋아하는 캐릭터를 이용하여 규칙 찾기를 경험시켜 주자. 아이가 좋아하는 과자에도 다양한 모양이 존재한다. 과자 모양을 여러 개 늘어놓고 규칙을 스스로 만들어 보는 과정을 통해 아이는 규칙의 즐거움을 느낄 수 있다.

　색과 모양이란 가장 간단한 속성부터 시작해서 개수, 크기, 방향 등과 같은 속성을 활용해 규칙을 확장할 수 있다. 다양한 구슬을 이용하여 팔찌나 목걸이 만들기도 규칙을 익힐 수 있는 좋은 소재다. 이처럼 아이들에게 규칙을 찾고, 규칙을 만드는 것이 즐거운 일일 수 있음을 알려 주자.

1학년 2학기 5단원 규칙 찾기

## ③ 숫자 패턴으로 예측 능력을 키워라!

　우리 주변에는 색과 모양뿐만이 아니라 아파트 동호수, 우편함, 달력과 같은 수의 배열에도 규칙이 숨어 있다. 다소 어려워 보이는 수의 배열도 아이들은 일상에서 자연스럽게 접하고 있다. 1학년과 2학년을 거쳐 아이들은 색과 모양을 통해 패턴을 익히고, 3학년이 되면 수의 배열에서 규칙을 찾게 된다. 수의 배열이라고 해서 어렵지 않다. 규칙이 어떻게 숫자로 변할 수 있는지 간단한 '우·수·반' 활동을 통해 재밌게 익힐 수 있다. 이처럼 아이들이 다양한 속성의 규칙을 찾는 활동을 통해 규칙의 체계를 이해하고, 이를 일상과 자연스럽게 연결할 때 수학이 재밌어지기 시작한다. 나를 둘러싼 수학이라는 세계를 이해하고, 수학이 어떻게 활용되고 있는지 느낄 수 있도록 도와주자.

| 누리과정 | 1학년 2학기 5단원 | 2학년 2학기 6단원 |
|---|---|---|
| • 주변에서 반복되는 규칙찾기 | • 물체, 무늬, 수 배열에서 규칙을 여러 가지 방법으로 표현하기 | • 여러 가지 무늬에서 규칙찾기와 규칙 만들기 |

◆ 우수반 필수 개념

수의 배열 패턴

➡ 반복되는 수의 규칙 찾기

◆ 엄마가 알려주는 수학 놀이

수의 배열 패턴

준비물
스케치북, 우·수·반꾸러미(3), 우·수 반꾸러미(0), 가위, 색연필, 모양 과자, 아이가 좋아하는 피규어 등

 엄마의 설명 ① 우·수·반꾸러미(9)

엄마가 숫자 자를 가지고 왔어! 여기서 반복되는 숫자가 어떤 건지 찾아볼까?
9, 8, 7 를 한 번 잘라 볼까?

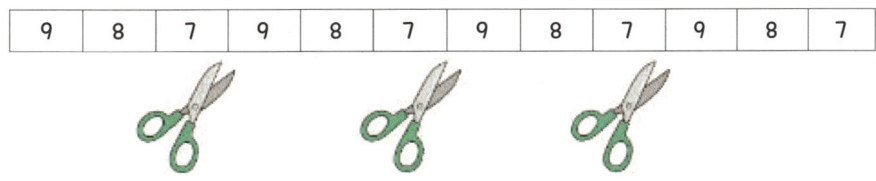

## 엄마의 설명 ② 우·수·반꾸러미(3)

수학이가 좋아하는 과자에도 숫자 이름표를 붙여 줄까? 어떤 숫자 이름표를 붙여 주고 싶어?

약과는 3, 크래커는 5구나!

*아이가 좋아하는 과자를 사용하면 됩니다. 숫자 카드도 아이가 좋아하는 숫자로 다양하게 표현할 수 있도록 해 주세요!

수학아! 과자로 규칙을 만들어 줄래? 과자 밑에 우리가 정한 숫자 이름표를 찾아보자. 어떤 숫자가 반복되고 있어? 3 - 3 - 5가 반복되고 있구나!

**엄마의 설명 ③**

> 이번에는 스케치북에 숫자띠를 그려 보자!
> 엄마가 먼저 그려 볼게! 빈칸에 들어갈 숫자는 뭘까?
> 한 명씩 돌아가며 적어 볼까?

| 3 | 4 | 5 | 3 | 4 |   | 3 |   | 5 | 3 | 4 |   |

> 이번에는 수학이가 문제를 내 볼까? 빈칸에 엄마가 적어 볼게!

| 10 | 20 | 30 | 10 | 20 |   | 10 |   | 30 | 10 | 20 |   |

> 11 다음에 올 숫자는 뭘까? 15 다음에 올 숫자는 뭘까?

| 11 | 13 | 15 | 17 | 11 | 13 | 15 | 17 | 11 |   | 15 |   |

*아이의 수준에 따라 수의 배열 패턴을 자유롭게 조정하면 됩니다!

## ◆ 보드게임으로 수학 놀이

| | '우·수·반' 선정 이유 | 가격 |
|---|---|---|
| 스택버거 | 햄버거를 만들고 싶다면 햄버거 빵과 재료가 어디에 놓여 있는지 기억해야 하는 게임이다. 버거 카드에 적힌 햄버거를 순차적으로 많이 만드는 사람이 승리한다. 버거를 만들 수 있게 재료의 위치를 기억하여 찾아내는 과정을 통해 순차적 사고 능력을 키울 수 있는 보드게임이다. | 1만 원<br>중후반 |

**이 보드게임을 선택한 이유 세 가지**
첫째, 버거 카드 순서에 따라 햄버거를 만들어 보는 활동은 아이들에게 순차적 사고 능력을 키워준다.
둘째, 재료 타일의 개수를 아이의 연령과 수준에 따라 조절할 수 있다.
셋째, 재료 타일을 활용해 아이가 스스로 규칙을 만들 수 있다.

## 수의 배열 패턴

**준비물**
스택버거 카드, 숫자 카드, 우·수·반꾸러미 (3)

### 엄마의 설명 ①

카드에서 어떤 규칙을 찾을 수 있을까? 빵 사이에 다양한 재료가 있지? 고기, 토마토, 치킨, 양상추가 빵과 빵 사이에 들어 있네!

## 엄마의 설명 ② 우·수·반꾸러미(3)

> 햄버거 재료 카드를 모아보자! 어떤 재료들이 있을까? 재료들에 숫자 이름을 붙여 줄까?
> 수학이가 좋아하는 숫자 카드를 재료 카드 밑에 놓아줘!

> 고기는 숫자 몇이야? 맞아, 1이야.

> 치즈는 숫자 몇이야? 맞아, 2야.

\*우·수·반꾸러미(3)을 활용하여, 1~9까지의 숫자 카드 중 아이가 좋아하는 숫자를 재료 밑에 자유롭게 올려 주면 됩니다!

## 엄마의 설명 ③ 우·수·반꾸러미(3)

수학이가 좋아하는 재료들로 규칙을 만들어 볼까?

재료에 숫자 이름을 붙여 주었잖아. 재료 카드 밑에 숫자를 놓아 보자!

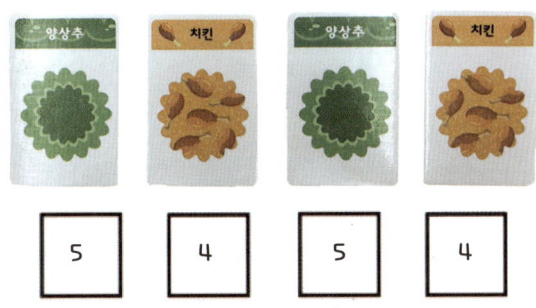

어떤 숫자가 반복되고 있어?

5 - 4 - 5 - 4가 됐네!

## 엄마의 설명 ④ 우·수·반꾸러미(3)

이번에도 다양한 재료들로 규칙을 만들어 볼까? 햄버거에 어떤 재료를 넣으면 맛있을까? 치즈 – 토마토 – 고기를 넣으면 맛있겠구나! 똑같은 재료를 반복해서 놓아 볼까?

이제 재료 카드 밑에 숫자 카드를 놓아 볼까? 어떤 숫자가 반복되고 있어?

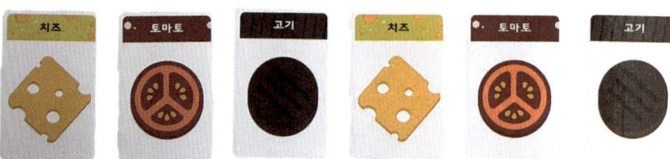

맞아, 2 – 3 – 1, 2 – 3 – 1이 반복되고 있네!

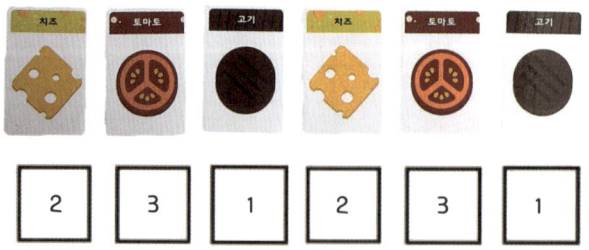

◆ **개념 마무리**

　수의 배열 패턴은 3학년 수학에 처음 등장하는 만큼 유아기 아이들에게 낯선 개념일 수 있다. 따라서 수의 배열에서는 숫자부터 등장해서는 안 된다. 아이들이 좋아하는 과자, 보드게임 카드 재료 등을 이용해서 자유롭게 규칙을 만들어 본 뒤에, 숫자로 대응해 보자. 자신이 좋아하는 피규어를 이용해도 좋다. 추상적인 개념일수록 구체적인 사물을 이용하는 방법을 떠올려야 한다. 숫자로만 마주했을 때는 보이지 않았던 규칙이, 좋아하는 과자와 피규어를 나열했을 때는 보이기 시작한다. 구체물의 숫자 대응을 통한 규칙 찾기가 충분히 익숙해졌을 때, 숫자 띠에서 아이가 직접 수의 배열 규칙을 찾을 수 있도록 독려해 주자. 숫자 패턴을 가위로 싹둑 잘라 보는 활동을 통해 아이가 수 패턴의 개념을 스스로 복습할 수 있다. 수학은 아이의 삶과 가까울수록 즐거워진다는 사실을 기억하자.

**2학년 2학기 6단원 규칙 찾기**

# ④ 복잡한 모양 패턴으로 함수의 기초 능력을 다져라!

규칙 찾기는 왜 중요할까? 얼핏 쉬워 보이는 규칙 찾기 활동을 다양한 계열성을 가지고 진행하는 이유는, 규칙을 찾는 일이 예상과 추측의 기본이 되기 때문이다. 예상과 추측 능력은 아이들이 일상생활 속에서 복잡한 문제를 해결하는 데 도움을 줄 뿐만이 아니라, 입력에 따른 출력의 대응 관계인 함수를 이해하기 위한 초석이 된다. 그렇기에 규칙 찾기를 소홀히 하지 않고 색 패턴, 모양 패턴, 수의 배열 패턴, 그리고 복잡한 모양의 패턴 등을 탐구하는 활동을 차례대로 진행하고 있다. 이는 아이들의 발달 단계에 따른 개념 이해도와도 연관된다. 아이들이 유독 어려워하는 개념 중 하나가 도형의 규칙성 찾기다. 다음에 올 모양을 생각해 보면서, 아이의 사고력을 키우는 것은 물론 규칙을 이해하는 즐거움을 함께 느낄 수 있기를 바란다. '우·수·반' 활동을 통해 복잡한 모양 속에서의 규칙을 만나 보자.

| 1학년 2학기 5단원 | | 2학년 2학기 6단원 | | 3~4학년군 |
|---|---|---|---|---|
| • 규칙 만들어 무늬 꾸미기 | → | • 여러 가지 무늬에서 규칙 찾고 규칙 만들기 | → | • 다양한 변화 규칙을 찾아 설명하기 |

### ◆ 우수반 필수 개념

**복잡한 모양 패턴**

➡ 반복되는 다양한 모양(평면도형)의 패턴 찾기

### ◆ 엄마가 알려주는 수학 놀이

**준비물**
스케치북, 색연필

**복잡한 모양 패턴**
엄마의 설명 ①

> 스케치북에 다양한 모양을 그려 볼까? 수학이는 어떤 모양을 좋아해?

*아이가 ○, □, △ 등과 같은 모양을 그렸다면 해당 모양을 변형한 모양들을 엄마가 그려 주시면 좋아요. 기본 ○, □, △에서 다양한 모양이 나올 수 있다는 걸 알게 됩니다.

> 수학이가 좋아하는 모양에서 다양한 모양들이 탄생했지? 이 모양으로 패턴을 만들어 보자!
> 별 다음에는 어떤 모양이 올 수 있을까?

## 색이 같은 ABC 패턴

## 색이 같은 ABB 패턴

### 엄마의 설명 ②

이번에는 색깔은 다른데, 같은 모양을 찾아볼 거야! 눈을 크게 뜨고 찾아봐야 해!
빨간색 별 다음에는 어떤 색깔의 모양이 올 수 있을까?

*색깔은 다르지만, 같은 모양을 찾는 건 생각보다 어려워요.
이때 아이와 모양을 하나씩 집으면서 소리내어 읽어 보면 생각보다 찾기 쉬워집니다.
색깔은 다르지만, 같은 모양을 찾는 패턴 연습은 쉽사리 할 수 없는 놀이예요.
반복하다 보면, 패턴 읽는 속도가 훨씬 빨라집니다.

## 색이 다른 AB 패턴

## 색이 다른 ABC패턴

## ♦ 보드게임으로 수학 놀이

| | '우·수·반' 선정 이유 | 가격 |
|---|---|---|
| 블로커스 | 게임 방법은 간단하지만, 다양한 전략이 숨겨져 있는 보드게임이다. 내 블록의 꼭짓점을 찾아 도형을 많이 연결하는 사람이 이기는 규칙이다. 쉽게 말해, 땅따먹기라 부를 수 있다. 도형을 연결하기 위해선, 꼭짓점의 개념을 명확히 알아야 한다. 상대방의 공간에 내 도형을 넣기 위해선 다양한 전략적 사고를 해야 한다. 게임을 하다 보면 저절로 도형에 대한 기본 속성을 이해하고, 사고력이 키워지는 게임이다. | 3만 원 초중반 |

**이 보드게임을 선택한 이유 세 가지**
첫째, 꼭짓점 개념을 명확히 익힐 수 있다.
둘째, 다양한 평면도형(모노미노, 도미노, 트리오미노, 테트라미노, 펜토미노)을 만지며 익힐 수 있다.
셋째, 도형을 다양한 공간 안에 배치하기 위한 전략적 사고 능력을 키울 수 있다.

## 복잡한 모양 패턴

**준비물**
블로커스 도형

**엄마의 설명 ①**

똑같은 모양을 색깔별로 찾아볼까?
어떤 모양이 있어? 십자가 모양도 있고, 네모 모양도 있고, 니은 모양도 있고, 다양한 모양들이 있네!

*21개의 모양이 있어서 모양별 분류를 먼저 진행하면 좋아요!
모양을 만져 보며 모양의 이름을 함께 정해 보세요.

십자가 모양

### 엄마의 설명 ②

> 모양으로 어떤 패턴을 만들어 보고 싶어? 모양을 2개만 사용해서 만들어 보자!
> 이번엔 3개를 사용해서 만들어 볼까? 일-오-네모 모양을 만들고 싶구나!

*모양의 이름은 아이와 다양하게 붙여 주세요!

**동일한 패턴의 색상 변형하기**

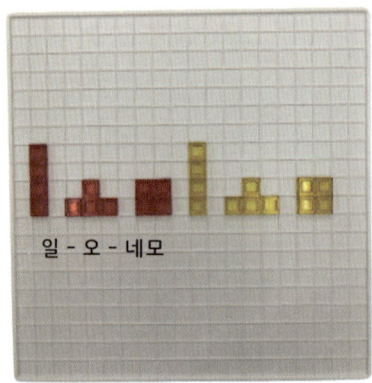

일 - 오 - 네모

> 일-오-네모 모양과 똑같은 패턴을 만들어 볼까? 다른 색깔을 찾아서 놓아 줘!

**엄마의 설명 ③**

> 이번에는 모양 4개를 사용해서 패턴을 만들어 보자! 어떤 모양을 사용해 보고 싶어?

**색이 다른 모양으로 만든 패턴**

\*색깔은 다른데 모양이 같은 패턴은 아이들이 쉽게 찾기 어렵습니다. 처음에는 2개, 3개, 4개 등 서서히 모양 개수를 늘려가며 패턴을 만들 수 있도록 해 주세요. 아이가 어려워한다면, "일과 니은 중에 어떤 모양이 와야 할까?"와 같이 모양 두 개 중 하나를 선택할 수 있는 질문을 해 주세요. 아이가 패턴 만들기에 익숙해졌을 때, 혼자서 복잡한 모양 패턴을 만들 수 있도록 기회를 주시면 됩니다.

## ◆ 개념 마무리

 복잡한 모양 패턴에는 다양한 영역의 수학적 개념이 숨어 있다. 도형, 수 세기, 색 인지 등 여러 수학적 개념을 함께 떠올려야만 복잡한 모양 패턴을 찾을 수 있다. 이러한 활동을 통해 아이들은 다양한 수학적 상황에서 규칙을 발견하며, 수학의 여러 영역이 어떻게 연결되어 있는지 자연스럽게 느끼게 된다. 규칙 찾기는 수학을 통합적으로 이해하는 힘을 길러주는 중요한 과정이다. 많은 부모님이 규칙 찾기를 쉽게 생각하여 가볍게 넘어가는 일이 많다. 그런데 색, 모양, 수의 배열, 복잡한 모양의 배열처럼 규칙을 가지고 할 수 있는 다양한 놀이가 많다. 규칙 찾기는 1~2학년까지 단순한 형태를 보이다가 4학년 이상으로 올라가면 비와 비율, 비례배분 등과 같은 어려운 개념으로 점프한다. 유아 시기에는 화장실 타일, 과자 모양, 축구공 등 다양한 규칙 찾기를 경험하게 하고, 이를 통하여 다양한 관계성을 자연스레 습득하는 것이 중요하다.

## 변화와 관계 영역에서 꼭 알아야 할 핵심 어휘

| 변화와 관계 영역 수학 어휘 정리 | | |
|---|---|---|
| 핵심 수학 어휘 | 어휘 풀이 | 교과서 속 문장 |
| 패턴 | 일정한 형태나 색이 규칙에 따라 반복되는 것 | "규칙을 찾아 빈칸을 채우고 규칙을 말해 봅시다." |
| 색의 패턴 | 반복되는 색의 규칙 찾기 | "두 가지 색으로 규칙을 만들어 봅시다." |
| 모양 패턴 | 반복되는 모양의 규칙 찾기 | "여러 가지 모양으로 규칙을 만들어 봅시다." |
| 수의 배열 패턴 | 반복되는 수의 규칙 찾기 | "규칙에 따라 빈칸에 알맞은 수를 써넣어 봅시다." |
| 복잡한 모양 패턴 | 반복되는 다양한 모양(평면도형)의 패턴 찾기 | "'보기'의 모양으로 규칙을 정해 목걸이를 완성해 보세요." |

## 우·수·반으로 가는 변화와 관계 영역 로드맵

변화와 관계 영역에서 가장 중점을 둔 건 '규칙 찾기' 개념이다. 규칙 찾기 계열성은 '색-모양-수 배열-복잡한 모양'으로 나아간다. 1~2학년 때 색과 모양을 통한 규칙을 익히고, 3학년 이상부터 수 배열과 도형을 통한 규칙을 익혀나간다. 영유아기 아이들의 수준에 맞춰서 다양한 '우·수·반' 놀이 방법을 제시했다. ①번과 ②번은 동시에 진행하거나, 순서를 바꿔도 괜찮다. ③번은 ①번의 심화 학습으로 활용하기 좋으며, ④번은 ②번의 심화 학습으로 사용하면 좋다. 로드맵 순서는 '①-②-③-④' 순서로 나아가도 좋으며, '①-③-②-④' 순서로 확장해도 좋다.

| 로드맵 순서 | 핵심 개념 | 선정한 보드게임 | 본문 | 관련 교육과정 |
|---|---|---|---|---|
| ① | 색의 규칙 | 서펜티나 | 161쪽 | 1학년 2학기 5단원 |
| ② | 모양 규칙 | 쿠키박스 포켓몬 | 167쪽 | 2학년 2학기 6단원 |
| ③ | 수 배열 규칙 | 스택버거 | 174쪽 | 1학년 2학기 5단원 |
| ④ | 복잡한 모양 규칙 | 블로커스 | 183쪽 | 2학년 2학기 6단원 |

# 4장
# 도형과 측정: 구조에 강한 아이로 키우는 감각놀이

**2학년 1학기 2단원 여러 가지 도형**

# ① 보고, 만지고, 그리며 만나는 첫 번째 평면도형

　아이들은 어렸을 때부터 다양한 도형을 접한다. 학용품, 장난감, 생활용품, 놀잇감 등 일상의 물건들은 대부분 입체도형으로 되어 있다. 자주 접하다 보니 아이들은 해당 모양이 익숙하고 궁금하다. 장난감을 가지고 놀거나, 그림을 그리다 보면 자연스레 도형의 특징을 암묵적으로 이해하게 되기도 한다.

　그러나 입체도형과 평면도형의 다른 점을 인식하게 되더라도, 입체도형이 평면도형으로 이루어져 있다는 사실을 깨닫지는 못한다. 평면도형을 제대로 이해하기 위해서는 그려 보고 만져 보는 다양한 활동을 통해 해당 도형의 특성을 알아보아야 한다. 도형을 만지며 놀 수 있는 시기는 유아기에 집중되어 있다. 이 시기에 많은 도형을 직접 경험해 본 아이들은 자연스레 도형에 대한 호기심이 자라난다. 평면도형을 재밌게 익힐 '우·수·반'은 무엇일까?

| 1학년 2학기 3단원 | 2학년 1학기 2단원 | 3~4학년군 |
|---|---|---|
| • △, ㅁ, ㅇ 모양 찾고 분류하기 | • 원, 삼각형, 사각형 알아보기<br>• 칠교판으로 모양 만들기 | • 직각삼각형, 직사각형, 정사각형 알아보기 |

## ◆ 우수반 필수 개념

### 평면도형(삼각형, 사각형) 알기

➡ 삼각형(三角形): 3개의 각이 있는 모양, 3개의 선분으로 이뤄진 도형

➡ 사각형(四角形): 4개의 각이 있는 모양, 4개의 선분으로 이뤄진 도형

➡ 꼭짓점: 뾰족한 점, 각을 이루는 두 변이 만나는 점

➡ 변: 도형의 길이에 맞게 잘라 만든 선, 도형을 이루는 각 선분

### 칠교판으로 모양 만들기

➡ 7개의 조각을 이용하여 여러 가지 형태를 만드는 것

## ◆ 엄마가 알려주는 수학 놀이

**준비물**
우·수·반꾸러미(10), 색연필, 사인펜, 스케치북

### 평면도형(삼각형, 사각형) 알기
**엄마의 설명 ①**

> 우리 집에 세모랑 네모 모양이 많이 숨어 있대! 어디에 숨어 있는지 같이 찾아볼까?
> TV는 네모 모양! 색종이도 네모 모양! 당근은 세모 모양! 피자 조각도 세모네!

* 뾰족한 부분이 세 개면 세모, 뾰족한 부분이 네 개면 네모를 찾을 수 있도록 집에서 물건을 다양하게 살펴봐 주세요.

### 엄마의 설명 ② 우·수·반꾸러미(10)

모양자에 다양한 세모와 네모 모양이 있지? 세모와 네모 모양을 따라서 그려 볼까?
자 위에 대고 연필로 따라 그리면 돼! 좋아하는 색깔을 골라보자.

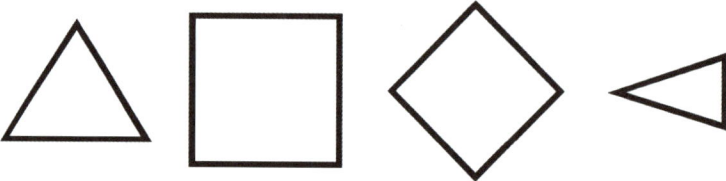

그린 세모와 네모를 오려 볼까?
세모는 뾰족한 부분이 3개가 있네! 그래서 삼각형이라는 이름이 붙었어!
네모는 뾰족한 부분이 4개가 있네! 그래서 사각형이라는 이름이 붙었어!

세모 모양만 찾아서 스케치북 삼각형 박스에 넣어 볼까?

네모 모양만 찾아서 스케치북 사각형 박스에 넣어 볼까?

삼각형　　　　　　　　　　사각형

## 엄마의 설명 ③

색종이 한 장에 삼각형과 사각형이 숨어 있는 거 알아? 엄마가 마법을 보여줄게!

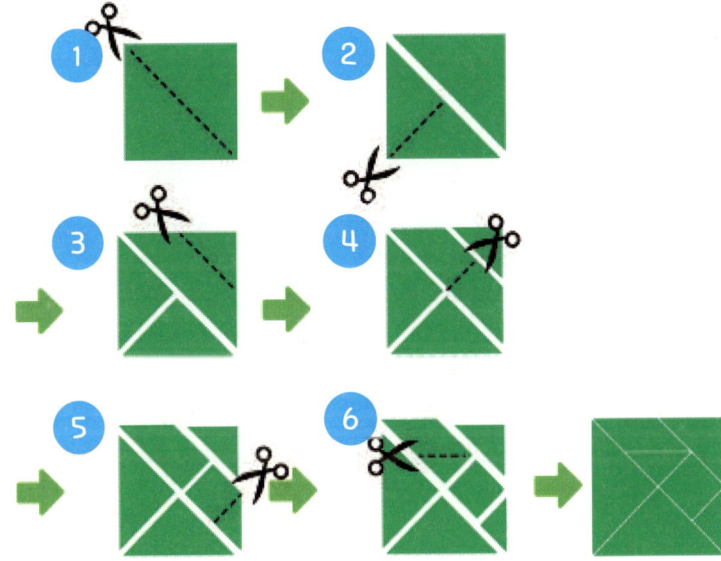

색종이 한 장에 삼각형이 몇 개가 들어 있어? 색종이 한 장에 사각형은 몇 개가 들어 있어?
삼각형과 사각형으로 동물 모양을 만들어 볼까? 어떤 것이든 좋아!
수학이가 만든 모양은 모두 의미가 있거든.

## ◆ 보드게임으로 수학 놀이

| | '우·수·반' 선정 이유 | 가격 |
|---|---|---|
| 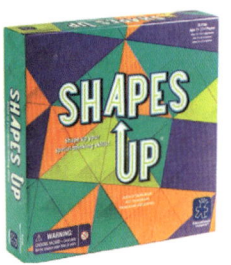<br>쉐입스업 | 작은 삼각형, 큰 삼각형, 사각형을 요리조리 돌려가며 게임판의 공간을 가장 많이 채우는 사람이 이기는 보드게임이다. 각 도형의 특성에 맞는 공간을 찾아 배치해야 하므로, 자연스럽게 도형의 특성을 알게 되고 더불어 공간 감각까지 키울 수 있다. 멘사에서도 선정한 보드게임이다. | 2만 원<br>중후반 |

**이 보드게임을 선택한 이유 세 가지**

첫째, 작은 삼각형, 큰 삼각형, 사각형을 직접 만지며 도형의 특성을 느낄 수 있다.
둘째, 작은 삼각형, 큰 삼각형, 사각형을 게임판 공간에 알맞게 배치하기 위해 도형의 성질을 생각해야 한다.
셋째, 주사위를 활용해 같은 모양을 찾는 과정에서 도형 인지 능력을 키울 수 있다.

### 평면도형(삼각형, 사각형) 알기
**엄마의 설명 ①**

> 수학아, 모양이 총 3개가 있네. 각자 어떻게 생겼는지 살펴볼까?
> 이 모양은 뾰족한 부분이 3개가 있네! 이 모양은 뾰족한 부분이 4개가 있네!

같은 모양끼리 모아볼까? 이렇게 뾰족한 부분이 3개가 있어서 삼각형이라고 해!
이렇게 뾰족한 부분이 4개가 있어서 사각형이라고 해!

### 엄마의 설명 ②

삼각형과 사각형을 이용해서 다양한 모양을 만들어 볼까? 수학이는 어떤 모양을 만들고 싶어?
와, 세모랑 세모가 만나면 네모가 되기도 하네!

> 네모랑 네모가 만나니 기차 모양 같기도 해! 또 어떤 모양을 만들어 볼까?

### ◆ 개념 마무리

　유아기 아이 중에는 삼각형이나 사각형이라는 명칭을 이미 알고 있는 경우도 있지만, 대부분은 세모, 네모라는 친숙한 이름으로 도형을 인식한다. 이 시기에는 삼각형과 사각형의 특징을 인식하는 것만으로도 충분하다.

　삼각형과 사각형이라는 용어가 아이들에게 어려운 이유는 충분히 도형을 관찰하거나 경험해 보지 않고 용어를 먼저 접했기 때문이다. 집에 있는 물건들에서 도형을 유추해 보고, 모양자를 따라서 직접 도형을 그려 보는 활동을 통해서 아이들은 자연스럽게 도형의 특징을 생각해 보게 된다. 또한 색종이 안에 다양한 삼각형과 사각형이 숨어 있다는 사실을 발견하는 것만으로도, 아이들은 도형에 대한 새로운 시야를 얻게 된다. 이처럼 다양한 도형을 만지고, 놀이를 통해 접하는 과정에서 아이들은 도형의 성질 또한 자연스레 궁금해하게 된다는 사실을 잊지 말자.

2학년 1학기 2단원 여러 가지 도형

## ② 도형 쌓기 놀이로 배우는 공간 감각의 첫걸음

아이들이 2학년이 되면 쌓기나무 활동을 접한다. 쌓기나무는 정육면체 모양의 입체도형이다. 정육면체란, 크기가 같은 정사각형 6개로 둘러싸인 도형을 말한다. 쌓기나무는 방향과 위치에 따라서 다양하게 쌓아보며, 공간지각력을 높일 수 있는 좋은 도구이다. 많은 아이가 문제집이나 워크북을 통해 쌓기나무를 처음 만난다. 이때 워크북에 그려진 평면적인(2차원) 쌓기나무를 실제 쌓기나무(3차원)로 똑같이 만들어 보는 과정은, 아이들에게 생각보다 쉽지 않다. 이는 2차원의 평평한 그림이 실물의 3차원의 쌓기나무 형태로 변환하는 인지과정을 다시 거쳐야 하기 때문이다.

그렇기에 쌓기나무를 더욱 쉽게 이해하고 활용하기 위해, 색이 있는 도형이나 블록 등의 도구를 통해 엄마를 따라서 쌓아 보거나, 본인이 만든 도형이 멋진 건축물이 되는 과정을 경험해 보는 등 놀이로 먼저 접하는 것이 중요하다. 이 과정을 거친 뒤 쌓기나무를 접하면 훨씬 수월하게 도형을 이해할 수 있다.

| 1학년 2학기 2단원 | | 2학년 1학기 2단원 | | 5~6학년군 |
|---|---|---|---|---|
| • △, □, ○ 모양 찾고 분류하기 | → | • 쌓기나무로 입체도형 만들기 | → | • 쌓기나무로 만든 입체도형의 위, 앞, 옆에서 본 모양 알아보기 |

### ◆ 우수반 필수 개념

**도형 쌓기**

➡ 도형을 다양한 방향과 위치에 따라서 쌓아 보는 활동

### ◆ 엄마가 알려주는 수학 놀이

**준비물**
쌓기나무, 우·수·반꾸러미(11)

**도형 쌓기**

**엄마의 설명 ① 쌓기나무**

> 수학이가 만들고 싶은 건축물을 자유롭게 만들어 볼까?

**엄마의 설명 ② 쌓기나무**

> 엄마가 만든 모양이랑 똑같이 만들어 볼까?
> 수학이가 만든 모양이랑 엄마가 똑같이 만들어 볼게!

## 엄마의 설명 ③ 우·수·반꾸러미 (11)

> 엄마가 쌓기나무 종이를 스케치북 위에 올려볼게!
> 이 모양과 똑같이 쌓아볼 수 있을까?

*쌓기나무 종이를 활용하여 다양한 모양을 만들어 보세요.
쌓기나무 종이(2차원) 모양을 보고, 실제 쌓기나무(3차원)를 활용하여 똑같이 만들어 보는 활동은 생각보다 쉽지 않습니다. 반복적인 연습을 통해 익숙해질 수 있도록 아이에게 응원을 말을 건네주세요!

**쌓기나무 모양 예시**

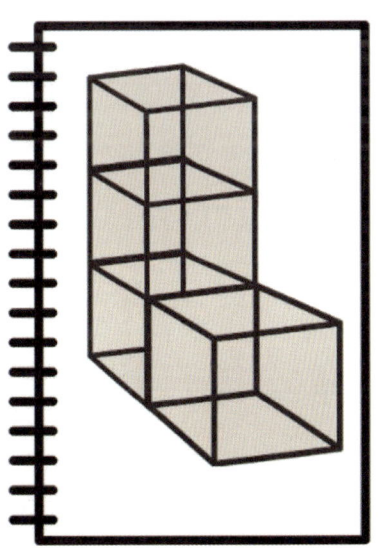

### ◆ 보드게임으로 수학 놀이

| '우·수·반' 선정 이유 | 가격 |
|---|---|
| <br>라벤스부르거<br>메이크 앤 브레이크 | 8개의 직육면체로 다양한 모양을 만들어 보는 게임이다. 게임 안에는 만들 수 있는 다양한 모양을 그려 놓은 카드가 들어 있다. 직육면체의 색깔이 달라서, 아이들이 도형을 쌓을 때 인식하기가 쉽다는 장점이 있다. 카드 또한 색깔이 있는 것과 색깔이 없는 것으로 나뉘어져 있어서, 수준에 따라 활용하기 좋다. | 1만 원<br>초중반 |

**이 보드게임을 선택한 이유 세 가지**

첫째, 직육면체를 이용한 다양한 건축물을 만들 수 있다.

둘째, 직육면체 색깔이 달라서, 그림을 보고 처음 쌓기를 경험하는 아이들이 쉽게 구분할 수 있다.

셋째, 쌓기 모양 카드에 1부터 3까지 수준이 구분되어 있어서 아이의 흥미도와 수준에 따라 다양하게 활용할 수 있다.

## 도형 쌓기
### 엄마의 설명 ①

> 도형 2개를 골라볼래? 수학이는 어떤 색깔이 좋아? 엄마가 만든 모양이랑 똑같이 만들 수 있을까?

엄마

이번에는 수학이가 만들어 봐! 엄마가 따라서 만들어 볼게!

엄마 　　　 아이

도형 세 개를 골라 볼래? 어떤 색깔이 좋아? 엄마가 만든 모양이랑 똑같이 만들 수 있을까?

엄마

이번에는 수학이가 만들어 볼래? 어떤 모양을 만들고 싶어?

엄마 　　　 아이

이번에는 도형 네 개를 써 보자! 어떤 색깔을 고르고 싶어?

엄마가 만든 모양 어때? 엄마는 탑을 만들었거든! 똑같이 만들어 볼 수 있을까?

엄마

이번에는 수학이가 만들어 볼까? 엄마가 따라 만들게!

엄마　　　아이

## 엄마의 설명 ②

* 아이의 수준에 따라 보드게임 카드 중 1부터 3단계 카드를 수준별로 미리 분류한 후, 아이에게 뽑게 해 주세요.

카드 하나를 뽑아 줄래?

카드의 도형과 동일하게 만들려면 흰색 다음에 와야 하는 모양은 어떤 걸까?

* 아이가 혼자서 카드를 보고 잘 만들 수 있다면 독려해 주시고, 아이가 어려워한다면 엄마가 80퍼센트 정도 먼저 쌓은 뒤 남은 도형을 찾아 아이가 쌓을 수 있도록 해 주세요. 도형 1개, 2개와 같이 개수를 점차 늘려가며 아이가 혼자서 도형을 쌓아가는 성취감을 느끼도록 도와주세요.

### ◆ 개념 마무리

　아이가 도형을 그리고, 자르고, 붙이고, 쌓는 과정에서 어떤 능력이 길러질까? 바로 도형 감각이다. 유아 시기에는 도형의 명칭을 익히거나 실수 없이 똑같이 만드는 것보다, 다양하게 시도하고 도전해 보는 경험을 해 보는 것이 중요하다. 이를 통해 아이들은 도형이란 어떤 것인지 인지하고 개념을 익힐 준비를 한다. 마치 달리기 전 예열을 하는 것과 같다. 아무리 몸에 좋은 달리기라도 준비운동 없이 달리면 무조건 탈이 난다. 유아 시기의 도형 활동도 마찬가지다. 다소 복잡할 수 있는 도형의 성질과 특징을 유연하게 받아들일 수 있는 스트레칭을 하는 것과 같다. 도형에 대한 긍정적인 첫 경험이 고등학교에 가서 만나는 미적분에도 영향을 미칠 수 있다. 쉽다고 그냥 지나치지 말고, '우·수·반'을 통해 도형의 세계를 조금 더 세밀하게 들여다보고 즐기는 계기가 되기를 바란다.

4학년 1학기 4단원 평면도형의 이동

# ③ 밀고, 돌리고, 뒤집으며 익히는 도형의 이동

아이들은 생활 속에서 다양한 모양의 이동을 자연스럽게 경험한다. 읽던 책을 옆으로 돌리거나 뒤집어 보는 것, 좋아하는 장난감을 요리조리 돌려 보는 행동을 통해서 어떤 모양은 변하지 않고, 어떤 모양은 변하는 것을 간접적으로 느낀다.

하지만 평면도형의 이동은 4학년 교육과정에 처음 나올 만큼 유아기 아이들이 이해하기 쉬운 개념이 아니다. 그렇기에 앞에서 했던 활동처럼 다양한 모양을 살펴보고, 쌓아보고, 밀고, 돌리고, 뒤집는 활동을 직접적으로 익히는 것이 중요하다. 이때 도형이 변하는 모양을 맞추는 것에 초점을 두기보다는, 도형이 변하는 것을 상상하고 추측해 보는 것에 중점을 두고 활동해야 한다. 재밌는 보드게임, 그리고 색종이 한 장으로 가능한 '우·수·반' 활동을 통해 도형의 이동을 상상하는 것이 얼마나 즐거운 일인지 함께 알아보자.

| 2학년 2학기 6단원 | 4학년 1학기 4단원 | 5학년 2학기 3단원 |
|---|---|---|
| • 규칙이 있는 무늬를 찾고 만들기 | • 평면도형 밀기<br>• 평면도형 뒤집기<br>• 평면도형 돌리기<br>• 평면도형 뒤집고 돌리기 | • 도형의 합동을 이해하고 서로 합동인 도형 그리기 |

### ◆ 우수반 필수 개념

### 밀기
➡ 도형을 일정한 방향으로 일정한 거리만큼 이동

### 뒤집기
➡ 고정되어 있는 선을 기준으로 정해진 방향으로 뒤집음

### 돌리기
➡ 고정되어 있는 점을 기준으로 어떤 방향을 정해 일정한 정도만큼 회전

### ◆ 엄마가 알려주는 수학 놀이

**준비물**
우·수·반꾸러미(10), 색종이, 색연필, 연필, 가위, 스케치북

### 밀기, 뒤집기, 돌리기
엄마의 설명 ① 모양자를 활용할 때 우·수·반꾸러미(10)

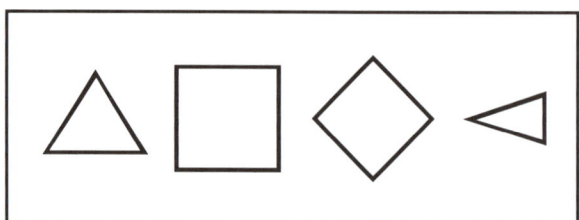

모양자로 다양한 모양을 만들어 볼까? 모양자를 스케치북에 올리고, 연필로 따라 그리기만 하면 돼!

이제 수학이가 좋아하는 색깔로 칠해 볼까? 그리고 나서 가위로 오려 보자!

* 가위 활동은 엄마가 대체해 줘도 좋아요.

원하는 모양 하나를 골라서 스케치북에 올려 보자.

△ 도형을 오른쪽으로 밀면 어떤 모양이 될까?
왼쪽으로 밀면? 위로 밀면? 아래로 밀면 어떤 모양이 될까?

밀기 예시

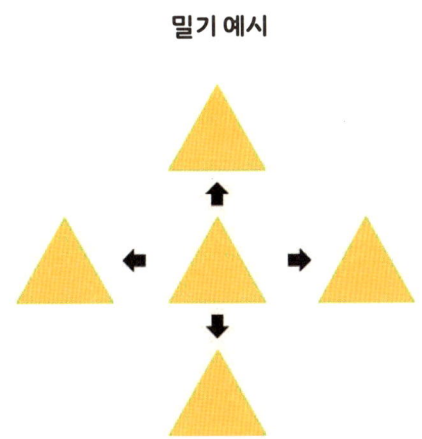

모양이 변하지 않고 똑같네!

**뒤집기 예시**

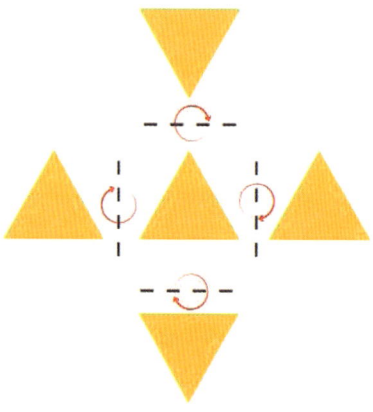

아래로 뒤집으면 어떤 모양이 될까? 어라? 모양이 변했어!
이번에는 오른쪽으로 뒤집으면 어때? 모양이 똑같네!

시계방향(오른쪽)으로 돌리면 어떤 모양이 될까? 다음 모양을 상상해 볼 수 있을까?

**돌리기 예시**

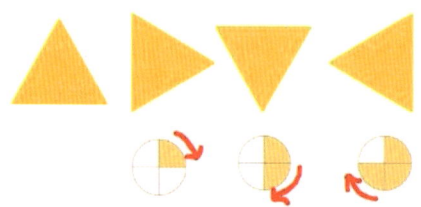

모양을 이동시키고 합쳐 보자! 어떤 모양이 될까?

### 모양 합치기 예시

수학이가 좋아하는 별모양이 됐네!

## 엄마의 설명 ② 색종이를 활용할 때

색종이로 할 수 있는 아주 재밌는 놀이가 있어! 수학이가 색종이를 반으로 접어 줄래?
엄마가 색종이에 그림을 그릴게!
색종이를 펼치면 어떤 모양이 되는지 수학이가 상상해 볼래?
과연, 어떤 모양이 될까!

### 색종이를 반으로 접고 반원 그리고 자르기

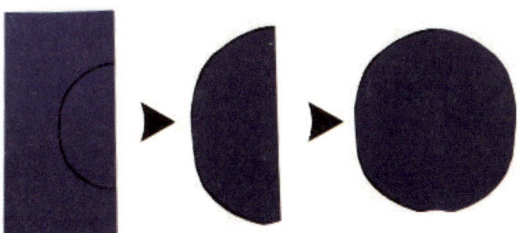

이번에는 수학이가 그림을 그려 줄래? 펼치면 어떤 도형이 될까?

### 색종이를 반으로 접고 네모 그리고 자르기

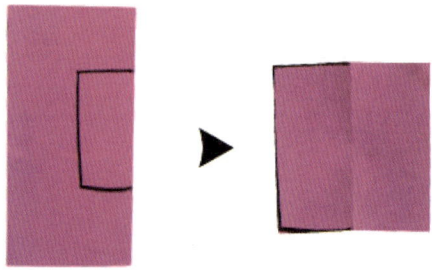

### 색종이를 반으로 접고 세모 그리고 자르기

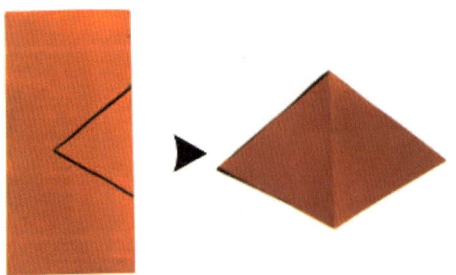

* 이 활동은 반으로 접은 색종이 선을 기준으로 뒤집는 활동입니다. 또한, 선대칭도형을 만드는 활동이 되기도 합니다. 색종이에 아이가 원하는 그림을 그릴 수 있도록 독려해 주세요. 모양을 맞추는 것이 중점이 아니라, 모양을 추론하고 상상해 보는 것이 주된 활동인 걸 기억해 주세요!

### ◆ 보드게임으로 수학 놀이

| '우·수·반' 선정 이유 | | 가격 |
|---|---|---|
| (컬러코드 게임 이미지) | 도형을 돌리고, 뒤집고, 미는 활동을 통해 특정한 모양을 만들어 내는 보드게임이다. 해당 모양을 만들기 위해 도형을 어떻게 쌓을지 고민해야 한다. 순차적 사고력과 색 인지 능력도 동시에 키울 수 있는 보드게임이다. | 2만 원<br>초중반 |
| 컬러코드 | | |

**이 보드게임을 선택한 이유 세 가지**

첫째, 1단계부터 4단계까지 난이도가 나누어져 있으며, 100가지 문제가 포함되어 있어서 아이의 수준과 연령에 따른 난도 조절이 가능하다.
둘째, 문제를 해결하며 도형의 이동을 자연스럽게 경험할 수 있다.
셋째, 18개의 도형이 있어 다양한 모양의 도형을 경험할 수 있다.

## 밀기, 뒤집기, 돌리기
**엄마의 설명 ① 도형 모양 관찰하기**

> 수학아! 모양 하나를 선택해 줄래?
> 모양이 이동하는 다양한 방법이 있어! 엄마랑 관찰해 볼까?

### 오른쪽으로 밀기

오른쪽, 왼쪽, 위쪽, 아래쪽으로 밀어 보기

### 오른쪽으로 뒤집기

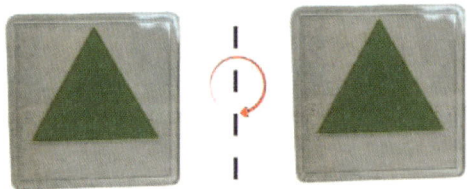

위로, 아래로, 왼쪽으로, 오른쪽으로 뒤집어 보기

### 오른쪽(시계방향)으로 그림만큼 돌리기

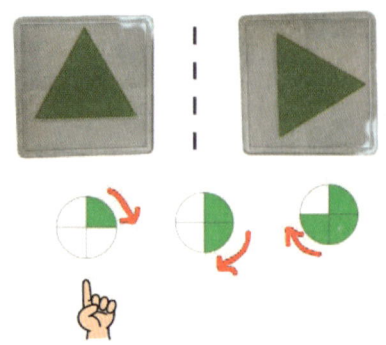

시계방향(오른쪽), 시계 반대 방향(왼쪽)으로 돌려 보기

* 90도, 180도, 270도, 360도 돌리는 건 아직 어렵기에 시계방향(오른쪽), 시계 반대 방향(왼쪽)으로 원의 그림을 보고 어림잡아 돌리는 것부터 시작해 주세요!

### 엄마의 설명 ② 도형 모양 예상하기

이 모양을 오른쪽으로 밀면 어떤 모양이 될까? 또 이 모양을 위로 뒤집으면 어떤 모양이 될까?

답을 맞추지 않아도 괜찮아. 중요한 건 어떤 모양이 될지 상상해 보는 거야!

이제 도형을 움직여 볼까? 우리가 상상한 모양이 맞을까?

* 아이와 모양을 추측해 보는 시간을 가지는 게 중요해요. 간단한 모양부터 복잡한 모양까지 아이와 함께 밀기, 뒤집기, 돌리기를 하면 어떤 모양이 될지 상상해 보고, 직접 도형을 움직이며 확인할 수 있도록 해 주세요.

### 엄마의 설명 ③ 원하는 모양 만들기

수학이가 원하는 모양칩에서 원하는 모양을 모두 골라 볼까?

모양칩

모양칩에서 고른 모양

이 모양들이 합쳐지면 어떤 모양이 될까?

모양 합치기

모양칩의 방향을 바꿔 볼까?

모양 방향을 바꿔 합치기

모양칩의 위치를 바꿔 볼까?

모양 위치를 바꿔 합치기

## ◆ 개념 마무리

　도형을 밀고, 뒤집고, 돌리는 것은 초등학생들도 특히 어려워하는 개념이다. 이는 2차원적인 그림을 보고 3차원의 도형을 상상해야 하기에 더 어렵게 느껴질 수 있다. 유아기 아이들에게 가장 중요한 건, 다양한 방법으로 직접 도형을 밀고, 돌리고, 뒤집어 보는 것이다. 이 활동이 아이들에게 단순히 모양의 정답을 맞히는 활동이 되기보다는, 모양이 다양한 방식으로 이동했을 때 어떠한 변화가 생기는지 흥미를 불어넣어 주는 활동이 되도록 해야 한다. 이렇게 '우·수·반'으로 연습한 친구들은, 실제 평면도형의 이동에 대한 문제를 만났을 때 자신감을 가지고 임할 수 있을 것이다.

**1학년 1학기 4단원 비교하기**

# ④ 눈으로만 보면 안 돼! 무게 재기로 키우는 측정 능력

　아이들에게 "사과랑 수박 중에 어떤 게 더 무거울까?"라고 말하면, 아이들은 주저 없이 "수박!"이라고 대답한다. 아이들은 보자마자 어떻게 알 수 있었을까? 수박이 사과보다 크기에 수박이 더 무겁다는 것을 따로 재보지 않아도 직관적으로 알 수 있었을 것이다. 이런 비교를 직관적 비교라고 한다. 그런데 직관적 비교가 매번 가능할까? 우리는 종종 무거워 보이는데 가벼운 물건들을 만난다. 솜인형이나 휴지 등이 그렇다. 놀이터에서 시소를 탔는데, 나보다 키가 작아서 가벼울 것 같았던 친구가 나보다 무거운 경우를 만나기도 한다. 눈으로 봐서 어떤 게 더 무거운지 바로 알 수 없을 때 '양팔 저울'과 같은 도구를 쓴다. 아이들과 실생활에서 무게에 관한 대화를 자주 나눠보자. "사과와 바나나 중 어떤 게 무거울까?"와 같은 말하기를 통해 직접적으로 무게를 재서 알고 싶다는 호기심을 일어날 것이다. 예상과 다른 무게를 만나기도 하며, 무게를 재기 위해 필요한 도구에 대해서도 떠올릴 수 있게 될 것이다. 무게 재기를 즐겁게 익힐 수 있는 '우·수·반'은 뭘까?

| 2019 개정 누리과정 | 1학년 1학기 4단원 | 2학년 1학기 4단원 |
|---|---|---|
| • 일상에서 길이, 무게 등의 속성을 비교하기 | • 두 가지 또는 세 가지 대상의 길이, 무게, 넓이, 들이를 직관적 또는 직접 비교하기 | • 신체와 물건을 임의 단위로 이용하고 불편한 점 알기 |

### ◆ 우수반 필수 개념

**무게 비교하기**

➡ 물건의 무거운 정도를 알아보는 것으로, 비교하는 용어로 '가볍다, 무겁다'를 사용함

### ◆ 엄마가 알려주는 수학 놀이

**준비물**
옷걸이, 투명컵, 실, 구멍을 뚫을 도구(못, 펀칭기 등), 아이가 좋아하는 물건

**무게 비교하기**
엄마의 설명 ①

옷걸이로 무게를 재는 양팔 저울을 만들어 볼 수 있어!

투명 컵 안에 수학이가 담고 싶은 물건을 가져와 볼래? 리자몽 피규어와 지우개를 비교해 볼까? 어떤 게 더 무거울 것 같아?

* 무게를 재기 전, 아이와 무게 예상을 해주세요

컵 안에 넣어서 수학이의 예상이 맞는지 볼까?

어라! 리자몽이 더 무겁네!

**엄마의 설명 ②**

> 리자몽과 무게가 똑같아지려면 어떤 물건을 더 넣어야 할까?
> 집에 있는 물건들을 찾아보자!
> 지우개를 하나 더 넣어 볼까? 연필을 몇 자루 넣으면 될까?

> 지우개 3개를 넣으니 리자몽 무게와 똑같아졌네!

### ◆ 보드게임으로 수학 놀이

| | '우·수·반' 선정 이유 | 가격 |
|---|---|---|
| 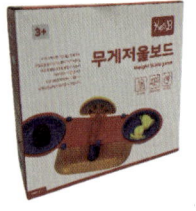<br>캐스비 무게저울보드 | 양팔 저울을 처음 접하는 아이들에게 부담 없이 다가갈 수 있는 보드게임이다. 무게추, 과일 꾸러미, 말하기 카드가 들어 있어서 아이들과 무게를 직접 달아보며 무게에 관한 대화를 이어가기 좋다. | 1만 원 이하 |

**이 보드게임을 선택한 이유 세 가지**
첫째, 양팔 저울, 무게추, 과일 꾸러미, 말하기 카드 등 무게를 재기 위해 필요한 부속품들이 알맞게 들어 있어서 처음 무게 재기 활동을 할 때 활용하기 좋다.
둘째, 보드게임 부속품 이외에도 집에 있는 다양한 물건들을 양팔 저울에 올려두고 비교할 수 있다.
셋째, 무게추가 1, 2, 5, 10으로 이루어져 있어서 물건의 무게를 직접 계산할 수 있다.

 **무게 비교하기**
**엄마의 설명 ①**

검은색 블록이 보이지? 이걸 무게추라고 해! 무게추 위에 숫자가 적혀 있네.

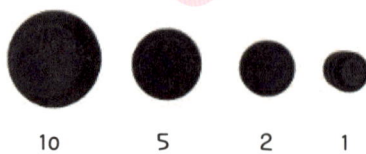

저울에 어떤 무게 추를 올려볼까?

저울 반대편에 올릴 물건을 찾아 올래?

리자몽은 무게추가 몇 개가 필요할까?

10 무게추 1개, 2 무게추 2개를 올렸더니 무게가 비슷해졌네!

**엄마의 설명 ②**

패티와 리자몽 중에 어떤 게 더 무거울까? 패티가 리자몽보다 크니까 패티가 무거우려나?

수학이 생각은 어때? 누가 더 무거운지 직접 재 볼까?

패티가 더 큰 데도 리자몽이 더 무겁네!
무게는 눈으로 보는 것과 다를 수 있구나!

**엄마의 설명 ③**

이번엔 무게추로도 비교해 볼까?
리자몽은 10 무게추 1개, 2 무게추 2개가 필요했으니까 양팔 저울에 올려 보자!
이번에도 패티가 더 가볍네! 무게추와 리자몽의 무게가 똑같구나.

### ◆ 개념 마무리

무게 재기 활동을 하기 전에는 아이와 무게를 어림하고 예상해 보는 대화를 나눠야 한다. "어라? 내가 생각한 거랑 다르네?"라는 경험은 자연스레 왜 그런지에 대한 궁금증으로 이어진다. 대화라고 해서 거창한 게 아니다. "어떤 게 더 무거울까? 어떤 게 더 가벼울까? 수학이 생각은 어때?" 이처럼 간단한 말하기만으로도 충분하다. 아이들은 자신들이 좋아하는 물건의 무게를 직접 재어볼 수 있다는 것만으로도 큰 재미를 느낀다. 주의할 점은 양팔 저울에 무게를 재기 전, 무게를 재는 대상을 명확히 정해야 한다는 것이다. 그렇지 않으면 양팔 저울 위에 아이들이 원하는 물건을 수북하게 올려두는 놀이로 끝날 위험이 있다. 물건을 직접 비교하는 활동을 익숙하게 했다면, 무게추로 물건을 비교하는 활동으로도 확장해 보자. 직접 비교를 넘어 매개물을 이용한 간접 비교를 경험할 수 있다.

1학년 2학기 3단원 모양과 시각

## ⑤ 시간은 흐르는 것!
## 직접 느껴 보는 정각과 30분

"시간을 왜 알아야 할까?" 내게 주어진 나의 하나뿐인 하루를 더 소중하게 보내기 위함이다. 그런데 많은 아이가 시간을 시침과 분침이라는 용어로 먼저 접한다. "1시간은 60분이야.", "분침 1은 5분이야." 같은 개념으로 시계 보기를 가르치면 아이들은 이해하기도 힘들뿐더러, 재미도 없다고 느낀다. 시간의 소중함을 느끼지 못하는 건 어쩌면 당연한 일이다. 그렇기에 시간을 가르치고 싶다면, 아이들에게 일상생활에서 시간을 활용한 말들을 먼저 들려주는 것이 좋다.

"할머니 집에 가려면 2시간이 걸려.", "놀이동산에 도착하기 15분 전이야.", "수학이가 가장 좋아하는 노래는 2분 정도야.", "양치질은 3분은 해야 해!" 이처럼 자신의 생활과 밀접하게 연결된 시간을 듣게 되면 자연스레 시간에 대한 궁금증이 생긴다. 시계가 하루의 시간을 잘 활용하기 위한 수단이라는 걸 깨닫게 되면 아이들은 시간을 알고 싶은 동기가 생긴다. 시계를 읽게 되면 쉬는 시간, 저녁밥을 먹는 시간 등을 스스로 계획할 수 있게 된다는 좋은 점들을 자주 말해 주자.

| 1학년 1학기 2단원 | 1학년 2학기 3단원 | 2학년 2학기 4단원 |
|---|---|---|
| •   모양 찾기 | • 시각의 쓰임 알아보기<br>• '몇 시', '몇 시 30분' 알아보기<br>• 생활에서 시각 말하기 | • '몇 시 몇 분' 알아보기 |

### ◆ 우수반 필수 개념

#### 정각 알기
➡ 분침이 숫자 12에 가 있는 시각

#### 30분 알기
➡ 분침이 숫자 6에 가 있는 시각

### ◆ 엄마가 알려주는 수학 놀이

**준비물**
모형 시계, 스케치북, 색종이, 숫자 스티커, 막대기 2개
막대기가 없다면, 시침 막대기는 빨간색으로, 분침 막대기는 파란색으로 스케치북에 그리면 됩니다.

## 정각과 30분 알기

**엄마의 설명 ①**

수학이와 엄마가 직접 시계를 만들어 볼 수도 있어! 스케치북에 커다란 동그라미를 그려 줄래?

동그라미에 숫자 스티커를 붙여줄래? 모형 시계를 보고 숫자를 붙여도 괜찮아!

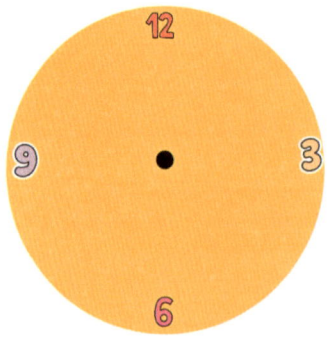

*12, 3, 6, 9 자리는 엄마가 잡아주세요!

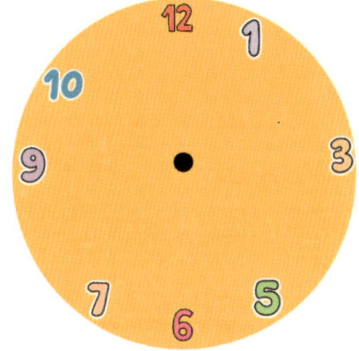

*숫자 스티커를 붙일 때 간격이 딱 맞지 않아도 괜찮아요!

## 엄마의 설명 ②

엄마가 모형 시계에 만든 3시와 똑같이 만들어 볼 수 있겠어?
빨간색 막대기가 3, 파랑색 막대기가 12에 가면 돼!
3시를 만들었다! 이번에는 5시를 만들어 볼까?

### 엄마의 설명 ③

엄마가 모형 시계에 만든 3시와 30분과 똑같이 만들어 볼 수 있겠어?
빨간색 막대기가 3과 4 사이, 파랑색 막대기가 6에 가면 돼!
3시 30분을 만들었다!

이번에는 4시를 30분을 만들어 볼까?

* '몇 시 30분'을 알려줄 때, 아이들은 시침이 이어지는 숫자 사이에 있는 것을 이해하지 못하곤 합니다. 시간은 '시와 분'으로 이루어져 있고, 분침이 움직여야 시침도 움직일 수 있다는 걸 모형 시계를 통해 이해할 수 있도록 해 주세요. 분침이 12에서 6으로 움직일 때, 짧은 바늘은 이어지는 두 수의 가운데를 가리킨다는 걸 알 수 있도록 충분히 보여주어야 합니다. 그 후 스케치북에 시침과 분침을 옮길 수 있도록 해 주세요!

## ◆ 보드게임으로 수학 놀이

| '우·수·반' 선정 이유 | | 가격 |
|---|---|---|
| 타임챌린지 | 정각이 되면 반짝이는 보석이 내 것이 될 수 있는 재밌는 보드게임이다. 5분 단위의 시간 카드를 이용하여 모형 시계를 통해 다양한 시각을 직접 만든다. 이를 통해 시간의 흐름을 자연스레 이해할 수 있다. 모형 시계가 보드게임 안에 포함되어 있어서, 시계를 익힐 때 자주 사용되는 모형 시계를 따로 구매하지 않아도 되는 장점이 있다. | 2만 원 중후반 |
| **이 보드게임을 선택한 이유 세 가지**<br>첫째, 5분 단위의 카드가 포함되어 있어서 5분 단위의 분침을 이해하기 좋다.<br>둘째, 정각이 되면 보석을 모을 수 있어서 아이들에게 자칫 지루할 수 있는 시계 보기 활동에 동기를 불어넣을 수 있다.<br>셋째, 모형 시계를 직접 돌려가며 시계를 익힐 수 있어 시간이 흐르는 것을 시각적으로 확인할 수 있다. | | |

 정각 알기

**준비물**
모형 시계, 10분 카드, 20분 카드, 40분 카드 등

## 엄마의 설명 ①

사람마다 시간을 다르게 보면 어떤 문제점이 생길까? 수학이와 엄마가 2시에 만나기로 했는데, 수학이가 생각하는 2시와 엄마가 생각하는 2시가 다르면 만날 수가 없겠지? 그래서 사람들은 시간을 정확하게 알기 위해서 약속을 정했어. 그 중 하나가 정각이야. 가장 긴 바늘(분침)이 12에 가면 '정각'이라고 말하기로 약속했어. 정각을 어떻게 만들 수 있는지 같이 해 볼까? 시간 카드만큼 시계를 움직이면 돼!

10분 카드를 1장만 써 볼까? 이제 10분 카드를 2장 써 볼까?

10분 카드를 4장 써볼까? 얼만큼 가야 할까?

10분 카드를 6장 써 보니 빨간색 바늘이 숫자 12시에서 1로 변했지?

> 파란색 바늘이 12에 가니까 빨간색 바늘이 숫자 1로 이동하네. 이게 바로 1시야!

> 정각이 되려면 10분 카드가 6장이나 필요하구나!

\* 만약 아이가 10분을 두 번 움직이는 걸 어려워할 경우, 20분 카드를 사용해 보세요. 카드를 시계 옆에 두어 비교하면서, 20분만큼 이동하는 크기가 어느 정도인지 어림할 수 있게 해 주세요.

## 30분 알기

**준비물**
모형시계, 10분 카드

### 엄마의 설명 ②

> 12시 정각을 만들어 보자! 긴 바늘이 12, 짧은 바늘이 12에 있어야 하네. 이제 12시 30분을 만들어 볼 거야. 긴 바늘이 12시에서 6까지 가면 우리는 '30분'이라고 약속하기로 했어.

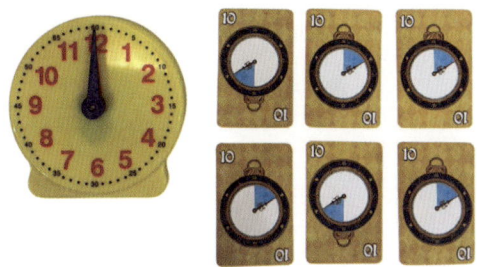

10분 카드를 몇 장 쓰면 30분이 될까? 10분씩 움직여 보자!

10이 3개가 있으면 어떤 숫자지? 맞아! 30이 되지? 이 시간이 바로 30분이야!
정각에서 10분 카드를 3장 쓰니까 30분이 되네!

* 아이의 수준에 따라 30분을 만들기 위한 5분 카드, 10분 카드, 15분 카드, 20분 카드 등을 다양하게 조합해서 활용해도 좋아요!

## ◆ 개념 마무리

정각과 30분 읽기는 아이들에게 크게 와닿지 않을 수 있다. 특히 시침과 분침을 구별하는 일은 더더욱 그 중요성을 알기 쉽지 않다. 처음부터 시침과 분침이라는 용어를 쓰기보다는, 빨강 막대와 파랑 막대로 구분하여 막대기 두 개가 의미하는 바가 다르다는 걸 알려주면 좋다.

처음 시계 보기를 배울 때 아이들에게 시간은 '약속'이라는 걸 꼭 알려주어야 한다. 서로 약속을 정하지 않으면, 시간을 다르게 볼 수 있어서 학교에 제시간에 못 가거나, 엄마와 약속 시간에 만나지 못하는 등 생활에서 겪을 수 있는 어려움을 이야기해 주자. 시간을 알면 어떤 점이 편리한지 생활 속 예시를 들어 알게 되면, 그 사실을 모를 때보다 아이들은 호기심과 흥미를 갖는다.

직접 원 안에 숫자 스티커를 붙여가며 자신만의 시계를 만들어 보고, 모형 시계를 따라 정각과 30분을 만들어 보는 활동을 통해서 아이들은 시계와 점차 친해진다. 모형 시계를 돌려보는 활동이 중요한 이유는 시간이 커지고 줄어드는 것을 직접적으로 느낄 수 있기 때문이다. 평상시에도 '시와 분'을 넣어 시간의 양감을 느낄 수 있는 말들을 자주 전해 주자.

2학년 1학기 4단원 길이 재기

## ⑥ 임의 단위는 수학적 호기심의 지름길

   길이를 재는 활동을 할 때 자로 길이를 재는 것부터 시작하면 아이들은 금세 흥미를 잃는다. 흥미를 잃게 되면 가장 큰 문제점은, 관련 개념이 더 이상 궁금해지지 않는다는 점이다. 일상생활에서 아이들과 길이에 관한 대화를 많이 나누는 것도 좋은 방법이다. "아파트는 얼마나 높을까?", "지렁이 젤리 중에서 어느 지렁이가 가장 길까?", "가장 짧은 빼빼로는 여기서 뭘까?" 등 이러한 대화만으로도 아이들은 길이에 대한 흥미를 조금씩 느끼게 된다. 길이 재기가 가장 즐거울 수 있는 활동은 '임의 단위'를 사용하는 것이다. 임의 단위란 'cm', 'm' 등과 같은 표준 단위를 이용하여 길이를 재는 것이 아니라, 나의 신체 또는 다양한 물건을 하나의 단위로 이용하여 길이를 재어보는 활동을 하는 것이다. 다양한 물체를 이용하여 길이를 재다 보면 아이들은 궁금해진다. "왜 길이를 재는 물체마다 단위가 달라지지?"라는 순수한 호기심이 인다면, 길이 재기 활동은 그야말로 성공이다.

| 1학년 1학기 4단원 | 2학년 1학기 4단원 | 2학년 2학기 3단원 |
|---|---|---|
| • '길다, 짧다' '많다, 적다' '무겁다, 가볍다' '넓다, 좁다' 구별하기 | • 신체와 물건을 임의 단위로 이용하고 불편한 점 알기 | • 물건의 길이나 거리 어림하기<br>• 길이의 덧셈과 뺄셈하기 |

### ◆ 우수반 필수 개념

#### 임의 단위
➡ 제한된 시·공간에서 길이를 재기 위해 약속한 단위(예: 뼘, 손가락 등)

#### 표준 단위
➡ 임의 단위의 불편한 점을 해결하기 위한 세계적으로 사용되는 공통 단위 (예: cm, m 등)


### ◆ 엄마가 알려주는 수학 놀이

**준비물**
스케치북, 연필, 가위, 스티커

### 임의 단위 재기
**엄마의 설명 ① 손바닥 자 만들기**

> 길이를 잴 수 있는 방법은 아주 다양해!
> 우리 손바닥으로도 길이를 잴 수 있어. 손바닥이 자가 되는 마법을 보여줄게!
> 스케치북에 손바닥을 올려 볼래? 엄마가 따라 그려 줄게!

> 이번에는 수학이가 엄마 손바닥을 그려 줄래?
> 이제 가위로 오리면 손바닥 자가 돼!

## 손바닥 자

손바닥 자로 어떤 물건을 재 볼까? 책상을 한 번 재 볼까?

집 안에 있는 다양한 물건의 길이를 재 보자!
어떤 물건의 길이를 잴 때 수학이 손바닥이 가장 많이 필요할까?
손바닥을 옮길 때마다 길이 재기 표에 스티커를 한 개씩 붙여 볼까?
스티커의 길이가 가장 긴 물건은 뭐야? 냉장고구나!

**길이재기 표**

| 손바닥 | 냉장고 | 식탁 | 책상 | 의자 |
|---|---|---|---|---|
| 10 | | | | |
| 9 | | | | |
| 8 | ● | | | |
| 7 | ● | ● | | |
| 6 | ● | ● | | |
| 5 | ● | ● | | |
| 4 | ● | ● | ● | |
| 3 | ● | ● | ● | ● |
| 2 | ● | ● | ● | ● |
| 1 | ● | ● | ● | ● |

## 엄마의 설명 ② 발바닥 자 만들기

손바닥 말고도 발바닥으로도 물건의 길이를 잴 수가 있어!
스케치북 위에 발바닥을 올려 볼래? 엄마가 그려 줄게!
수학이도 엄마 발바닥을 그려 줘!
이제 발바닥을 오리면, 발바닥 자가 완성!

### 발바닥 자

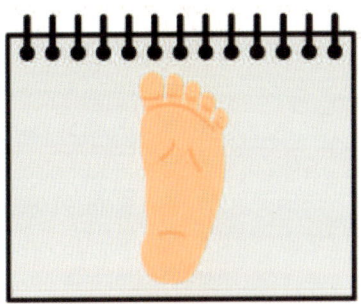

어떤 물건을 재 볼까?

**엄마의 설명 ③ 좋아하는 물건으로 길이 재기**

수학이가 좋아하는 물건으로도 길이를 잴 수 있어!
포켓몬 피규어는 어때?
피카추가 몇 개가 있어야 냉장고를 잴 수 있을까?
수학이가 좋아하는 어떤 물건이든 길이를 잴 수 있는 단위가 될 수 있어!

## ◆ 보드게임으로 수학 놀이

| | '우·수·반' 선정 이유 | 가격 |
|---|---|---|
| <br>라벤스브루거 크라운 | 삐에로가 모자부터 신발까지 1부터 8의 숫자로 등분되어 있다. 숫자 카드의 세로 크기가 다양하여 매번 크기가 다른 삐에로가 만들어진다. 주사위를 던져서 나온 숫자에 맞는 삐에로의 모자, 몸통, 다리, 신발 등을 찾아 연결한다. 8개의 카드를 이용하여 가장 키가 큰 삐에로를 완성하는 사람이 승리하는 게임이다. 주사위 숫자와 똑같은 삐에로 카드 숫자를 찾는 활동을 통해 일대일 대응을 익힐 수 있다. 8개의 삐에로 카드를 활용하여 가장 키가 큰 삐에로와 가장 키가 작은 삐에로 간의 길이 비교도 할 수 있다. 영유아부터 초등까지 폭넓게 사용하기 좋다. | 1만 원 중후반 |

**이 보드게임을 선택한 이유 세 가지**
첫째, 주사위 숫자에 따른 삐에로 번호를 찾아야 하는 수 찾기 놀이를 할 수 있다.
둘째, 가장 긴 삐에로와 가장 짧은 삐에로를 찾는 길이 비교 활동을 진행할 수 있다.
셋째, 삐에로의 머리부터 발까지 맞추는 활동을 통해 순차적 사고를 키울 수 있다.

## 임의 단위 재기
**엄마의 설명 ①**

> 숫자 1이 적힌 삐에로 카드를 찾을 수 있을까?

> 삐에로 카드로 길이를 재 보자! 우리 집에 있는 다양한 물건의 길이를 재 볼 거야.
> 사인펜을 재려면 삐에로 카드가 몇 개나 필요할까? 6개나 필요하네!

> 또 어떤 걸 재 볼까?

* 삐에로 숫자를 이용해서 집 안에 있는 다양한 물건의 길이를 재보는 활동을 해 보세요! 삐에로 숫자가 다 길이가 달라서, 길이를 잴 수 있는 훌륭한 임의 단위가 됩니다!

## 엄마의 설명 ②

> 수학아, 삐에로 숫자 카드 중 하나를 선택할래? 삐에로 카드(2)를 선택했구나!

> 집 안에 있는 다양한 물건을 재 보자.
> 삐에로 카드가 하나 필요할 때마다, 스티커 하나를 길이재기 표에 붙이면 돼!
> 삐에로 카드가 가장 많이 필요한 물건은 어떤 걸까? 가장 긴 스티커를 찾으면 되겠다!

**길이재기 표**

| 삐에로 카드 (2) | 공책 | 지우개 | 연필 | 사인펜 |
|---|---|---|---|---|
| 10 | | | | |
| 9 | | | | |
| 8 | | | | |
| 7 | ● | | | |
| 6 | ● | | | |
| 5 | ● | | | ● |
| 4 | ● | | | ● |
| 3 | ● | | ● | ● |
| 2 | ● | ● | ● | ● |
| 1 | ● | ● | ● | ● |

◆ **개념 마무리**

임의 단위를 활용한 길이 재기는 재밌는 활동이 무궁무진하다. 스케치북에 손바닥과 발바닥을 쓱쓱 그리기만 해도, 임의 단위가 완성된다. 좋아하는 피규어를 통해서도 집 안에 있는 다양한 물건들의 길이를 잴 수 있다. 어느 물건의 길이가 가장 긴지 알기 위해서 길이 재기표를 이용할 수도 있다. 스티커를 하나둘 붙이는 것만으로도 한눈에 보이는 막대그래프가 근사하게 완성된다. 아이들은 이런 임의 단위 활동을 통해서 길이를 잰다는 것이 즐겁다는 걸 깨닫는다. 동시에 엄마 손바닥과 자신의 손바닥으로 똑같은 물건을 잴 때, 다른 결과가 나온다는 걸 알게 된다. 이때 아이가 품는 "왜 그렇지?"라는 궁금증이 바로 수학적 호기심이 된다. 수학적 호기심은 수학에 대한 흥미를 일으키고, 수학 개념을 자연스레 흡수할 수 있는 커다란 동기가 된다는 것을 기억하자.

## 도형과 측정 영역에서 꼭 알아야 할 핵심 수학 어휘

### 도형과 측정 영역 수학 어휘 정리

| 핵심 수학 어휘 | 어휘 풀이 | 교과서 속 문장 |
|---|---|---|
| 삼각형 | 세 개의 각이 있는 모양, 세 개의 선분으로 이뤄진 도형 | "주변에서 여러 가지 삼각형 모양을 찾아보세요." |
| 사각형 | 네 개의 각이 있는 모양, 네 개의 선분으로 이뤄진 도형 | "왜 사각형이라고 생각했는지 이야기해 보세요." |
| 꼭짓점 | 뾰족한 점, 각을 이루는 두 변이 만나는 점 | "각을 그릴 때는 꼭짓점을 먼저 찾은 다음 꼭짓점에서 반직선을 그어 보세요." |
| 변 | 도형의 길이에 맞게 잘라 만든 선, 도형을 이루는 각 선분 | "각을 그리고, 꼭짓점과 변을 써 보세요." |
| 도형쌓기 | 도형을 다양한 방향과 위치에 따라서 쌓아보는 활동 | "쌓은 모양을 설명하는 방법을 알아봅시다." |
| 칠교 | 일곱 개의 조각 | "칠교 조각으로 왕관을 만들려고 합니다. 왕관을 완성해 보세요." |
| 밀기 | 도형을 일정한 방향으로 일정한 거리만큼 이동 | "삼각형을 밀면 어떻게 될지 생각해 보세요." |
| 뒤집기 | 고정되어 있는 선을 기준으로 정해진 방향으로 뒤집음 | "도형을 뒤집으면 뒤집기 전과 무엇이 다를까요?" |
| 돌리기 | 고정되어 있는 점을 기준으로 어떤 방향을 정해 일정한 정도만큼 회전 | "삼각형을 시곗바늘이 돌아가는 반대 방향으로 돌리면 어떻게 될지 생각해 보세요." |

| 무게 | 물건의 무거운 정도 | "두 물건의 무게를 비교해 봅시다." |
|---|---|---|
| 정각 | 분침이 숫자 12에 가 있는 시각 | "시계에 시각을 나타내 봅시다." |
| 30분 | 분침이 숫자 6에 가 있는 시각 | "시계를 보고 몇 시 30분인지 쓰고 읽어 봅시다." |
| 임의 단위 | 제한된 시·공간에서 길이를 재기 위해 약속한 단위<br>예: 뼘, 손가락 등 | "종이집게를 단위로 하여 수학책의 긴 쪽의 길이를 재어 보세요." |
| 표준 단위 | 임의 단위의 불편한 점을 해결하기 위한 세계적으로 사용되는 공통 단위<br>예: cm, m 등 | "누가 재어도 길이가 똑같은 단위를 알아봅시다." |

## '우·수·반'으로 가는 도형과 측정 영역 로드맵

　도형과 측정 파트에서는 도형과 관련된 3가지 활동, 측정과 관련된 3가지 활동이 각각 계열성을 가지고 진행된다. 도형 영역에서는 기본 도형을 익힌 후, 쌓아보는 활동으로 나아간다. 그 후 도형을 밀고, 뒤집고, 돌려보는 활동을 하게 되는데 이는 4학년에 나오는 개념이지만 영유아 아이들의 수준에 맞춰 즐겁게 익힐 수 있는 '우·수·반' 활동을 제시했다. 측정 영역에서는 가장 먼저 양팔 저울로 무게를 비교한 후 시각 읽기로 나아간다. 마지막은 임의 단위를 통한 길이 재기로 마무리된다. 도형 파트는 계열성을 가지고 ①번부터 ③번까지 진행하길 추천한다. 측정 과정은 1학년부터 2학년에 이르기까지 교육과정 순서대로 제시하였으나, 아이들의 흥미에 따라서 순서를 바꿔서 활동해도 좋다.

| 로드맵 순서 | 핵심 개념 | 보드게임 | 본문 | 관련 교육과정 |
|---|---|---|---|---|
| ① | 기본 도형 (삼각형, 사각형) 알기 | 쉐입스업 | 194쪽 | 2학년 1학기 2단원 |
| ② | 도형 쌓기 | 메이크 앤 브레이크 | 200쪽 | 2학년 1학기 2단원 |
| ③ | 도형 돌리기 (밀기, 뒤집기, 돌리기) | 컬러코드 | 211쪽 | 4학년 1학기 4단원 |

| ④ | 무게 비교 | 캐스비 무게 저울 보드 | 220쪽 | 1학년 1학기 4단원 |
| --- | --- | --- | --- | --- |
| ⑤ | 시간 읽기 (정각, 30분) | 타임챌린지 | 229쪽 | 1학년 2학기 3단원 |
| ⑥ | 길이 재기 | 라벤스브루거 크라운 | 240쪽 | 2학년 1학기 4단원 |

2학년 1학기 5단원 분류하기

## ① 색 분류 활동, 자료 정리의 시작!

분류는 왜 필요한 걸까? 분류의 교육과정 흐름을 살펴보면 주변에 있는 물건들에서, 주어진 기준으로, 자료를 수집하여 그래프로 나타내는 것으로 나아간다. 분류하기를 제대로 파악하기 위해선 대상이 가진 속성을 파악하고 이해하는 것이 필요하다. 간단하게 눈에 보이는 물건들을 분류하는 것부터 시작하여, 나에게 필요한 것과 필요하지 않은 것을 분류하여 목록을 작성하는 것까지 나아갈 수 있다. 아이들은 실생활에서 이미 다양한 분류하기를 경험하고 있다. 안경을 낀 사람과 끼지 않은 사람, 남학생과 여학생, 장난감을 목적별로 정리하기 등을 통해 분류의 필요성과 편리성을 느끼고 있다. 유아기 아이들에게 분류는 기준을 정하는 것에서부터 시작한다. 분류의 기본이 될 수 있는 '색을 통한 분류'는 어떻게 진행하면 좋을까?

| 1학년 1학기 2단원 | | 2학년 1학기 5단원 | | 2학년 2학기 5단원 |
|---|---|---|---|---|
| • 입체도형 분류하기 | → | • 주어진 기준에 따라 분류하기 | → | • 자료를 분류하고 O, x, / 등을 이용하여 그래프로 나타내기 |

### ◆ 우수반 필수 개념

#### 분류하기
➡ 어떤 기준에 따라 대상을 나누는 것

#### 색 분류하기
➡ 특정한 색에 따라 대상을 나누는 것

### ◆ 엄마가 알려주는 수학 놀이

**준비물**
색종이, 집에 있는 다양한 물건, 우·수·반꾸러미(12)

### 엄마의 설명 ① 우·수·반꾸러미 (12)

> 엄마랑 보물찾기 놀이를 해 볼 거야! 수학이가 좋아하는 색깔은 뭐야?
> 파란색을 좋아하는구나. 우리집에 있는 파란색 물건은 뭐가 있을까?
> 파란색 색종이 밑에 물건들을 모아 보자!
> 어디에서부터 찾아볼까?

5장

## 색깔 보물찾기

**엄마의 설명 ② 우·수·반꾸러미(12), 색종이(빨강/연두/보라/노랑)**

우·수·반꾸러미를 한 번 뜯어 볼까? 어떤 물건들이 있어? 색깔은 어떤 색깔이 있지?
색종이 위에 물건들을 색깔별로 올려 볼까?

## 빨간색 꾸러미 예시

## ◆ 보드게임으로 수학 놀이

| '우·수·반' 선정 이유 | | 가격 |
|---|---|---|
| <br>너구리 옷 입히기 | 소방관, 경찰, 발레리나 등 아이들이 궁금해하는 직업들은 전부 모였다! 색 주사위와 옷 주사위를 굴려서 너구리에서 두 주사위의 조건에 맞는 옷을 찾아 입혀주는 게임이다. 분류하기와 직업 찾기 활동으로 진행하기 딱 좋은 보드게임이다. | 2만 원<br>중후반 |
| **이 보드게임을 선택한 이유 세 가지**<br>첫째, 소방관, 경찰, 발레리나 등 옷 카드가 20개가 들어 있다. 각 직업을 상징하는 옷을 보며 아이와 함께 직업을 탐구하고 소개할 수 있다.<br>둘째, 색 주사위와 옷(상의, 하의, 팬티, 무지개) 주사위가 있어서 분류하기의 기본을 익힐 수 있다. 특히 팬티 주사위는 너구리가 입던 옷을 벗어야 해서, 아이와 함께 흥미진진한 게임이 가능하다.<br>셋째, 게임이 끝난 뒤 궁금한 직업에 관한 정보를 찾아보며 직업 연계 교육을 할 수 있다. | | |

### 색 분류하기
**엄마의 설명 ①**

> 주사위 두 개가 있어. 하나는 색깔, 하나는 옷 주사위야! 색깔 주사위를 먼저 굴려 볼까? 어떤 색이 나왔어?

이번엔 옷 주사위를 굴려 보자! 어떤 옷이 나왔어?

팬티 그림과 무지개 그림이 나오면 다시 굴려 보자.
빨간색과 상의가 나왔네! 빨간색 상의는 어디에 있을까?

너구리 밑에 카드를 찾아 모두 모아 볼까?

- 상의와 하의 용어 설명을 아래의 예를 들어 함께해 주시면 좋아요!
상의(위에 입는 옷: 재킷, 티셔츠, 원피스 등), 하의(밑에 있는 옷: 바지, 치마 등)

**엄마의 설명 ②**

이번에도 주사위를 굴려 볼까? 어떤 색과 옷이 나왔어? 파란색과 하의가 나왔네!

파란색 하의 카드는 어디 있을까? 너구리 밑에 모아 볼까?

### ◆ 개념 마무리

　우리 집에 숨어 있는 다양한 색깔을 찾아보거나, 우·수·반꾸러미를 이용하여 색종이 위에 색깔들을 분류해 보는 '우·수·반' 활동을 통해 아이들은 속성에 따라 나누는 법을 알게 되었다. 이처럼 간단해 보이는 분류 활동은 수학뿐만이 아니라 다른 과목에도 영향을 준다. 한글의 자음과 모음을 분류해 보거나, 과학에 나오는 동물들의 특성을 비교해 보는 등 논리적인 사고력을 연습할 수 있게 된다. 아이들이 장난감을 가지고 놀고 나서 정리해야 할 때, 일정한 분류 체계를 가지고 정리할 수 있도록 질문을 던져 보자. "블록 상자에 넣을 수 있는 장난감은 어떤 걸까?", "로봇 상자에 넣을 수 있는 장난감은 어떤 걸까?" 이런 질문을 통해서 아이들에게 어렵기만 보이는 정리를 쉽고, 빠르게 할 수 있다는 걸 알려줄 수 있다. 쓰레기 분리수거를 할 때도 마찬가지다. 종이, 플라스틱, 비닐에 넣을 수 있는 물건들을 살펴보는 것을 통해서도 분류를 익힐 수 있다. 이처럼 생활 속에 숨어 있는 분류를 활용하여 아이의 일상에 스며들도록 해 주자.

2학년 1학기 5단원 분류하기

## ② 기준은 하나가 아니야! 공통점을 찾아 해결하는 힘

    색에 따른 분류를 익혔다면 모양에 따른 분류를 진행해 볼 수 있다. 아이들은 이미 도형과 관계 영역에서 삼각형, 사각형을 구별하여 분류하는 경험을 익혔다. 이처럼 분류하기는 수학의 다른 영역과 떨어진 개념이 아니라, 통합되어 쓰이는 개념이다. 모양을 분류해 보고, 나아가 모양과 색을 함께 분류해 보는 활동을 해 보자. 보드게임 교구를 활용한 방법부터, 생활 속에서 아이들이 좋아하는 젤리와 과자를 이용한 분류를 활용해 보자. 분류라는 용어가 아이들에게 낯설 수 있으나, 같은 것을 모으는 개념이라는 것을 구체적인 활동을 통해 익힐 수 있다. 분류라는 용어를 활동하는 동안 자주 말해 주어, 아이들이 활동과 개념을 자연스럽게 받아들일 수 있도록 해 주자.

| 1학년 2학기 3단원 | 2학년 1학기 5단원 | 3~4학년군 |
|---|---|---|
| • 평면도형 분류하기 | • 주어진 기준에 따라 분류하기 | • 자료를 수집하여 그림그래프나 막대그래프로 나타내기 |

5장

### ◆ 우수반 필수 개념

**모양 분류하기**

➡ 특정한 모양에 따라 대상을 나누는 것

**모양과 색 분류하기**

➡ 특정한 모양과 색에 따라 대상을 나누는 것

### ◆ 엄마가 알려주는 수학 놀이

**준비물**
고래밥 미니, 더탱글 마이구이, 스케치북

## 모양 분류하기
**엄마의 설명 ①**

> 수학이가 좋아하는 고래밥이네! 고래밥에도 다양한 모양이 숨어 있는 거 알고 있어? 고래밥 안에 어떤 모양이 있을까! 같이 찾아볼까?

**엄마의 설명 ②**

> 고래밥을 같은 모양끼리 모아 볼까? 이렇게 같은 모양끼리 모으는 걸 분류라고 해!

상어　　　　오징어　　　　가재

 **모양과 색 분류하기**
**엄마의 설명 ①**

> 수학이가 좋아하는 젤리지! 젤리 안에 어떤 모양이 있는지 볼까? 복숭아, 포도, 사과가 있네! 젤리에 어떤 색이 있는지 볼까? 보라, 노랑, 핑크가 있네!

> 같은 모양끼리 모아볼까?

5장

모양 분류

색 분류

이제 같은 색깔끼리 모아볼까?

## ◆ 보드게임으로 수학 놀이

| '우·수·반' 선정 이유 | | 가격 |
|---|---|---|
| 러닝리소스 슈퍼파이 분류놀이 | 다섯 가지 종류의 과일 모형이 들어 있다. 색깔별, 모양별로 분류하기 좋은 교구이다. 분류 활동을 진행할 수 있는 원형 카드가 들어 있어서 다양한 놀이로 확장할 수 있다. | 2만 원 중후반 |
| **이 보드게임을 선택한 이유 세 가지**<br>첫째, 다섯 가지 종류의 과일 모형이 포함되어 있다. 과일 모형의 질이 좋아서 가게놀이 등 다양한 놀이도구로 확장할 수 있다.<br>둘째, 접시 안에 들어가는 원형 카드(문제 포함)가 들어 있어서, 분류 놀이를 진행하기 좋다.<br>셋째, 과일을 옮길 수 있는 집게가 구성품으로 포함되어 있어서 소근육 연습 활동으로 활용하기 좋다. | | |

### 모양 분류하기
**엄마의 설명 ①**

> 어떤 과일이 있는지 살펴볼까? 바나나, 딸기, 자두, 귤, 사과가 있네!
> 수학이가 가장 좋아하는 과일은 뭐야?

과일은 어떤 모양인지도 살펴볼까?
포도는 동글동글한 동그라미가 붙어 있고, 바나나는 길쭉하네!
사과는 꼭지가 달려 있고, 자두는 매끈하고, 귤은 껍질이 거칠거칠해!

**엄마의 설명 ②**

똑같은 모양의 과일을 올려 줄래?

색깔은 다르지만, 똑같은 모양을 찾을 수 있을까?

## 모양과 색 분류하기

**엄마의 설명 ①**

색깔판이 보이지? 어떤 색이 있을까? 노랑, 파랑, 초록, 빨강, 주황색이 있네!
수학이가 어떤 색에 어떤 과일을 놓을지 결정해 줄래?

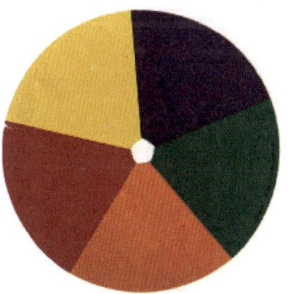

**엄마의 설명 ②**

수학이가 정한 대로 과일을 놓아 볼까?
노란색은 레몬, 보라색은 자두, 초록색은 바나나, 주황색은 귤, 빨간색은 포도!
이렇게 정하고 싶구나.

* 아이가 다양한 색과 과일을 조합하여 분류할 수 있도록 같은 활동을 반복해 주세요!

### ◆ 개념 마무리

　분류하기는 하나의 기준만 있는 것이 아니라, 다양한 기준이 제시될 수 있다. 젤리 색깔에 따라 분류할 수도 있고, 젤리 모양에 따라 분류할 수도 있다. 분류하기 활동을 진행하며 아이에게 한 가지 정답만이 있지 않다는 걸 알려주자. 아이가 공통된 기준을 찾아내고 정했다면, 그 방법으로 분류하기를 진행할 수 있도록 응원해 줘야 한다. 아이가 분류한 기준에서 분류를 한 번 더 진행할 수 있다면, "여기서 또 공통점이 있을까? 와 같은 적절한 말하기도 함께 건네 주자. 복잡해 보이는 상황에서 기준을 세워 분류할 수 있는 능력은 우리 생활에 꼭 필요한 수학적 능력이다. 이를 통해 일의 우선순위를 정할 수 있고, 복잡한 생각을 정리할 수 있다. 일상생활과 연계된 구체물을 통해 다양한 분류하기 활동을 경험한 아이들은, 분류의 필요성과 즐거움을 자연스레 느낄 수 있다.

2학년 2학기 5단원 표와 그래프

# ③ 복잡한 문제가 한눈에 정리되는 표와 그래프

"내가 적을게! 아이스 아메리카노 2잔, 따뜻한 아메리카노 2잔, 카페라테 3잔, 카페모카 4잔," 친구나 가족 모임을 하는 상황에서 음료를 주문하며 이런 경험이 모두 한 번쯤은 있었을 거다. 누군가 핸드폰 메모장을 켜서 음료 주문을 받고, 분류를 한 뒤 표로 적는다. 이게 바로 생활 속에서 표를 사용하는 흔한 예다. 이처럼 생활 속에서 표나 그래프를 사용하여 복잡한 문제를 수월하게 해결해 본 경험이 다들 있을 것이다. 유아기 아이들이 표나 그래프 사용을 경험해 봐야 하는 이유도 위와 같다. 아이들도 생활 속에서 "빼빼로 먹고 싶은 사람, 하리보 젤리 먹고 싶은 사람" 등 자료를 분류하고 머릿속으로 정리하는 활동을 하고 있기 때문이다. 여기서 단순히 분류하는 것에서 끝나는 게 아니라, 분류한 뒤 정리하고 해석해 보는 경험을 가져야 한다. 표와 그래프를 이용하면 직관적이고, 한눈에 알 수 있다는 걸 경험해 보는 것에 큰 의의를 두어야 한다. "해보니 좋다."라는 경험이 쌓여야, 자주 꺼내 쓸 수 있기 때문이다. 표와 그래프를 알 수 있는 '우·수·반' 활동은 어떤 걸까?

| 2학년 1학기 5단원 | 2학년 2학기 5단원 | 3~4학년군 |
|---|---|---|
| • 기준에 따라 분류한 결과를 말해 보기 | • 자료를 분류하여 표와 그래프로 나타내기<br>• 표와 그래프의 편리한 점 알기 | • 자료를 수집하여 꺾은선 그래프로 나타내고 해석하기 |

(2학년 1학기 5단원) → (2학년 2학기 5단원) → (3~4학년군)

### ◆ 우수반 필수 개념

**표로 나타내기**
➡ 어떤 내용을 일정한 형식과 순서에 따라 보기 쉽게 나타낸 것

**그래프로 나타내기**
➡ 여러 가지 자료를 분석하여 그 변화를 한눈에 알아볼 수 있도록 직선이나 곡선으로 나타낸 것

### ◆ 엄마가 알려주는 수학 놀이

**준비물**
스케치북, 고래밥 미니, 동전(50원, 100원, 500원)

## 표로 나타내기
### 엄마의 설명 ① 고래밥

> 고래밥으로 할 수 있는 놀이가 있어!
> 고래밥에 어떤 동물이 숨겨져 있는 살펴볼까?

> 고래, 오징어, 돌고래, 거북이… 많은 동물이 있었지?
> 고래밥 안에는 어떤 동물이 가장 많을까?
> 어떤 동물이 가장 많은지 한눈에 알 수 있는 좋은 방법이 있어!

\* 고래밥 양은 엄마가 먼저 조절해 주세요. 너무 많은 양을 분류하고 세면 활동하면서 지루해질 수 있어요.

### 엄마의 설명 ② 고래밥

> 고래밥에서 찾은 동물들을 먼저 분류해 보자!
> 동물을 찾을 때마다 동물 이름표 밑에 선 하나씩 그어 보자!
> 작대기 수를 세어서 동물 이름 밑에 숫자를 적어보자.

| 동물 | 고래 | 오징어 | 상어 | 불가사리 | 거북이 | 다랑어 | 귀상어 |
|---|---|---|---|---|---|---|---|
| 개수 | //// | ///// | ///<br>/// | // | /// | ///// | // |
|  | 4 | 5 | 6 | 2 | 3 | 5 | 2 |

> 어떤 동물이 가장 많아? 맞아, 상어네!
> 그렇다면 어떤 동물이 가장 적어? 맞아, 귀상어네!
> 표로 보니까 찾기가 쉽다.

## 엄마의 설명 ③ 동전(50원, 100원, 500원)

> 이번에는 동전을 세어 볼까? 동전이 몇 개가 있어야 수학이가 좋아하는 과자를 살 수 있을까?
> 50원, 100원, 500원이 있지? 몇 개씩 있는지 살펴보자!

> 동전을 찾을 때마다 동전 이름 밑에 선 하나씩 그어 보자!
> 모두 찾았으면, 작대기 수를 세어서 동전 이름 밑에 숫자를 적어 볼까?

| 동전 | 50원 | 100원 | 500원 |
|---|---|---|---|
| 개수 | // | //// | /////<br>// |
|  | 2 | 5 | 7 |

# 그래프로 나타내기

### 엄마의 설명 ① 고래밥

수학이가 찾은 고래밥 동물을 표 위에 하나씩 올려둬 볼까?

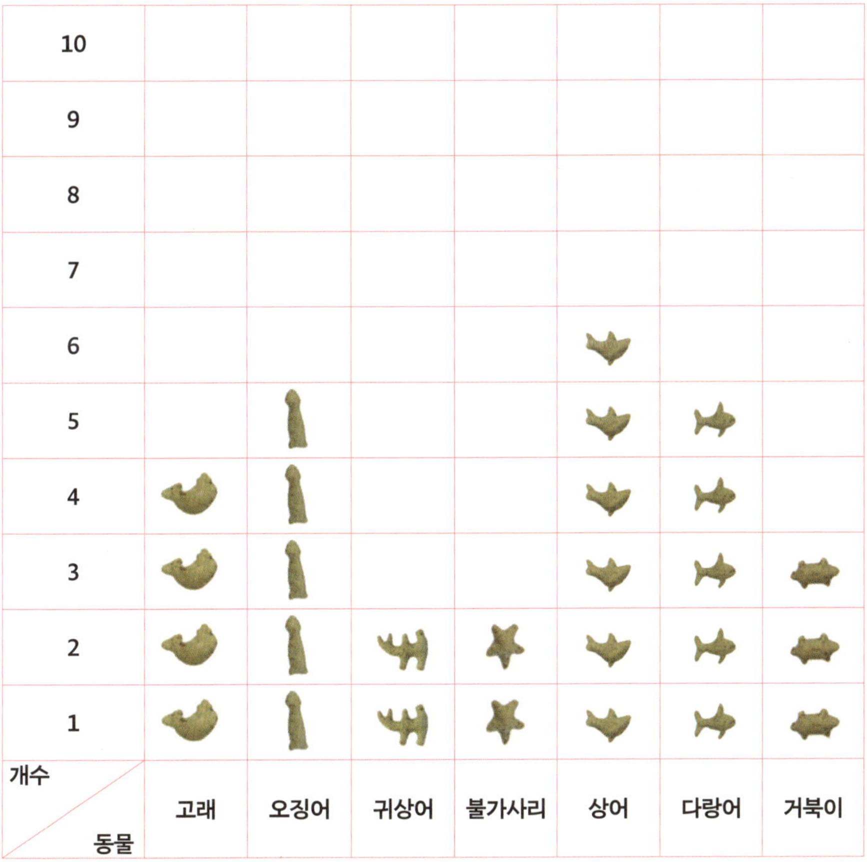

| 개수 \ 동물 | 고래 | 오징어 | 귀상어 | 불가사리 | 상어 | 다랑어 | 거북이 |
|---|---|---|---|---|---|---|---|
| 10 | | | | | | | |
| 9 | | | | | | | |
| 8 | | | | | | | |
| 7 | | | | | | | |
| 6 | | | | | ✓ | | |
| 5 | | ✓ | | | ✓ | ✓ | |
| 4 | ✓ | ✓ | | | ✓ | ✓ | |
| 3 | ✓ | ✓ | | | ✓ | ✓ | ✓ |
| 2 | ✓ | ✓ | ✓ | ✓ | ✓ | ✓ | ✓ |
| 1 | ✓ | ✓ | ✓ | ✓ | ✓ | ✓ | ✓ |

어떤 동물을 가장 많이 찾았어? 어떤 동물을 가장 적게 찾았어?
한눈에 금방 보이네!
이렇게 정리한 걸 그래프라고 해!

### 엄마의 설명 ②

| 10 | | | |
|---|---|---|---|
| 9 | | | |
| 8 | | | |
| 7 | | | 🪙 |
| 6 | | | 🪙 |
| 5 | | 🪙 | 🪙 |
| 4 | | 🪙 | 🪙 |
| 3 | | 🪙 | 🪙 |
| 2 | 🪙 | 🪙 | 🪙 |
| 1 | 🪙 | 🪙 | 🪙 |
| 개수 / 동전 | 🪙 | 🪙 | 🪙 |

> 동전을 표 위에 하나씩 올려 볼까? 어떤 동전이 가장 키가 작아?
> 이 돈으로 어떤 과자를 살 수 있을까!

## ◆ 보드게임으로 수학 놀이

| | '우·수·반' 선정 이유 | 가격 |
|---|---|---|
| 픽미업 | 꿀벌 스틱으로 조건에 맞는 타일을 많이 찍어 오는 사람이 승리하는 게임이다. 방법은 간단하지만, 순발력과 민첩성이 필요하다. 아이들이 꿀벌 스틱으로 꽃가루를 찍어오는 활동 자체에 큰 흥미를 느낀다는 것이 장점인 게임이다. 개수, 색깔, 표정 세 가지 주사위가 포함되어 있어서, 분류를 연습할 수 있다. | 2만 원 중후반 |
| **이 보드게임을 선택한 이유 세 가지**<br>첫째, 주사위가 세 종류가 포함되어 있어서 아이들의 수준에 따라 개수를 빼기나, 늘릴 수 있다.<br>둘째, 꿀벌 스틱으로 꽃가루를 찍어 오는 활동에 아이들이 큰 관심을 보인다. 꿀벌 스틱을 다양한 놀이에 활용할 수 있다.<br>셋째, 개수·색깔·표정 세 종류 주사위가 있어서 분류하기를 익힐 수 있다는 장점이 있다. | | |

 ## 표로 나타내기

**준비물**
스케치북, 연필, 색연필

### 엄마의 설명 ①

꽃가루 1개 타일은 누가 더 많이 잡았을까?

꽃가루 2개 타일은 누가 더 많이 잡았을까?

하나 하나 비교하려고 하니까 어렵지? 이럴 때 좋은 방법이 있어!
우선 수학이가 잡은 꽃가루 1개, 꽃가루 2개, 꽃가루 3개 타일을 분류해 볼까?

몇 개가 있는지 한 번에 알기 위해선 표로 정리하는 방법이 있어.

### 엄마의 설명 ②

> 꽃가루 1개는 타일은 모두 몇 개를 잡았어? 숫자는 수학이가 써도 되고, 엄마가 써 줘도 돼!

> 표에서 꽃가루 1개 타일은 엄마와 수학이 중 누가 더 많아?
> 맞아! 금방 찾을 수 있지?

**아이 꽃가루 타일 표 예시**

| 꽃가루 개수 | 1개 | 2개 | 3개 | 합계 |
|---|---|---|---|---|
| 잡은 꽃가루 타일 개수 | 5 | 4 | 7 | 16 |

**엄마 꽃가루 타일 표 예시**

| 꽃가루 개수 | 1개 | 2개 | 3개 | 합계 |
|---|---|---|---|---|
| 잡은 꽃가루 타일 개수 | 4 | 2 | 8 | 14 |

## 그래프로 나타내기

**준비물**
스케치북, 색연필, 사인펜

### 엄마의 설명 ①

수학이가 잡은 꽃가루 타일을 표 위에 하나씩 올려 볼까? 꽃가루 1개를 찾아서 올려 보자!
몇 개짜리 꽃가루 타일을 가장 많이 잡았어?
몇 개짜리 꽃가루 타일을 가장 적게 잡았어?
금방 찾을 수 있지? 이렇게 정리한 걸 그래프라고 해!

| 8 | | | |
| 7 | | | ● |
| 6 | | | ● |
| 5 | ● | | ● |
| 4 | ● | ● | ● |
| 3 | ● | ● | ● |
| 2 | ● | ● | ● |
| 1 | ● | ● | ● |
| 잡은 꽃가루 / 꽃가루 개수 | 꽃가루 1개 | 꽃가루 2개 | 꽃가루 3개 |

### ◆ 개념 마무리

"꼭 분류를 연습해야 할까?", "꼭 표와 그래프로 써야 할까?"라는 물음을 아이가 가지고 있다면, 아이가 문제집으로만 해당 개념들을 접한 경우다. 문제집에서 만나는 분류는 재미가 없다. 표와 그래프로 나타내는 것 또한 마찬가지다. 아이에게 해야 할 이유를 심어주지 못하기 때문이다. 보드게임을 마친 후 누가 더 많이 잡았는지 알기 위해서 표로 나타내 보는 것, 좋아하는 젤리와 과자를 표 위에 하나씩 올려 보는 것, 고래밥 안에 어떤 동물이 가장 많이 숨어 있는지 찾아보는 것 등이 재미있는 이유는 아이의 실생활과 연계되어 있기 때문이다. 분류하고, 나아가 표와 그래프를 통해서 결과를 해석해 보는 능력은 우리가 생활에서 만나는 다양한 문제를 현명하게 해결하기 위한 수학적 능력과 연결된다. 유아기 아이들에게 표와 그래프를 접할 수 있는 경험을 심어 주자. 꼭 매일 하지 않아도 괜찮다. 몇 개의 즐거운 활동만으로도 충분하다는 것을 기억했으면 좋겠다.

## 자료와 가능성에서 꼭 알아야 하는 교과서 핵심 어휘

### 자료와 가능성 수학 어휘 정리

| 핵심 수학 어휘 | 어휘 풀이 | 교과서 속 문장 |
|---|---|---|
| 분류하기 | 어떤 기준에 따라 대상을 나누는 것 | "학용품을 종류별로 분류해요." |
| 색 분류하기 | 특정한 색에 따라 대상을 나누는 것 | "블록을 분류할 수 있는 기준을 알아봅시다." |
| 모양 분류하기 | 특정한 모양에 따라 대상을 나누는 것 | "탈 것을 분류하여 어떻게 셀 수 있을지 이야기해 봅시다." |
| 모양과 색 분류하기 | 특정한 모양과 색에 따라 대상을 나누는 것 | "여러 가지 바구니를 분류하려고 합니다. 물음에 답하세요." |
| 표로 나타내기 | 어떤 내용을 일정한 형식과 순서에 따라 보기 쉽게 나타낸 것 | "2학년 때 즐거웠던 활동을 조사한 자료를 보고 표로 나타내 봅시다." |
| 그래프로 나타내기 | 여러 가지 자료를 분석하여 그 변화를 한눈에 알아볼 수 있도록 직선이나 곡선으로 나타낸 것 | "수찬이네 반 학생들이 좋아하는 동물을 그래프로 나타내는 방법을 알아봅시다." |

## '우·수·반'으로 가는 자료와 가능성 영역 로드맵

　자료와 가능성에서는 색 분류, 모양 분류, 나아가 간단한 표와 그래프 알기까지 계열성을 이루고 있다. 유아기 아이들에게 분류를 가장 쉽게 접근하는 방법은 색과 모양이다. 색종이 색깔에서부터, 평상시 아이들이 좋아하는 과자와 젤리를 이용하여 분류 놀이를 진행했다. 여기서 끝나는 것이 아니라, 분류한 내용을 표와 그래프로 직접 만들어 보는 '우·수·반' 활동도 안내했다. 표와 그래프 만들기는 2학년 교육과정에서 나오는 내용이지만, 아이들에게 어렵게 느껴지지 않도록 재미있는 아이디어 요소들을 넣어두었다. 아이들이 자신이 분류한 과자나 젤리를 표와 그래프로 나타내 보며, 분류 결과를 아는 것의 필요성과 즐거움을 느낄 수 있다면 충분하다. ③번 활동은 ①번과 ②번을 끝나고 진행하는 게 아니라, ①번과 ②번을 신행한 뒤 [①-③], [②-③]의 순서대로 연계해도 무방하다.

| 로드맵 순서 | 핵심 개념 | 보드게임 | 본문 | 관련 교육과정 |
|---|---|---|---|---|
| ① | 색 분류하기 | 너구리 옷 입히기 | 253쪽 | 2학년 1학기 5단원 |
| ② | 모양 분류하기 | 러닝리소스 슈퍼파이 분류놀이 | 261쪽 | 2학년 1학기 5단원 |
| ③ | 표와 그래프 알기 | 픽미업 | 271쪽 | 2학년 2학기 5단원 |

# 6장
## 우·수·반을 완성하는 세 가지 키워드: 마인드, 문제집, 동화책

# ① 우·수·반을 100퍼센트 활용하는 엄마의 마인드 세 가지

"엄마가 이긴 거 아니야? 뭐야, 재미없어!"
"무슨 말인지 잘 모르겠어."

엄마가 애써 시간을 들여서 '우·수·반'을 진행하는 이유는 크게 두 가지다. 첫째, 아이가 재밌게 수학을 배웠으면 하는 마음 때문이다. 둘째, 아이가 수학에 손쉽게 접근했으면 하는 마음 때문이다. 그런데 '우·수·반' 활동을 진행하다 보면 엄마가 또 이긴 게 아니냐며 재미없다고 말하는 아이도 있을 테고, 분명 쉽게 알려준 것 같은데 하는 방법을 잘 모르겠다고 말하는 아이도 있을 테다. 그때 엄마의 마음에는 이런 의문이 피어오른다. "내가 잘못하고 있나? 이렇게 했는데도 모르면 어떡하지? 문제집을 꾸준히 푸는 게 나으려나?" 이런 생각이 드는 게 이상한 게 아니다. 어쩌면 당연한 일이다. 그래서 우리에겐 방향을 잃지 않을 마인드가 필요하다. '우·수·반'을 100퍼센트 활용할 수 있는 엄마의 마인드 세 가지는 무엇일까?

**[첫 번째 마인드] 전부 재미있을 순 없다**

'우·수·반' 활동을 하는 엄마의 이유 두 가지를 위에서 들었다. 당연히 아이와 재밌게 하기 위해서다. 그래서 우린 이 '재미'의 함정에 빠지기 쉽다. 아이가 재미없다고 하면, "이번 활동은 망했구나."라는 생각이 들면서 엄마가 자신감을 잃게 된다. '내가 전문가가 아니라서, 내가 제대로 준비를 안 한 것 같아서'라는 자책으로 이어지기 쉽다. 재미라고 하는 건, 아이의 동기와 흥미를 높이기 위한 중요한 학습 수단이 맞지만, 재미만이 학습을 이끄는 전부는 아니다. 당일 아이의 컨디션, 아이의 수준에 따라서 재미는 변할 수 있다. 엄마가 아이를 위해 해 보고자 했던 마음만으로도 '우·수·반' 활동은 충분하다. '아이가 꼭 재밌게 느껴야 해!'라는 마음이 오히려 활동을 진행하는 엄마에게 큰 부담감이 될 수도 있다. 활동이 좋은 기억으로 남기 위해서는, '아이가 재밌어할 수도 있고, 재미없어할 수도 있지. 재밌어하면 고맙겠다. 이번에 아이가 재밌어하는 걸 찾아보자.'라는 마음으로 임해보자. 아이가 재밌어하는 소재가 있다면, 연계된 놀이를 진행하면 되는 것이고, 아이가 재미없다고 느낀다면, 다음번에 다시 시도해 보면 되는 거다. 중요한 건 활동이 일회성에서 끝나는 게 아니라, 꾸준히 할 수 있는 발판을 마련하는 거나. 그러기 위해선, 전부 재미있을 순 없다는 걸 인정하는 마인드가 필요하다.

**[두 번째 마인드]** 쉽다고 느껴지기 위해선, 여러 번 반복해야 한다

'우·수·반' 활동은 수학 개념에 쉽게 접근하기 위해서 만들어진 방법이다. '쉽다'라는 단어의 국어사전 정의를 찾아보면, '하기가 까다롭거나 힘들지 않다.'라고 쓰여 있다. 즉, 아이가 힘들지 않게 할 수 있는 걸 쉬운 것이라고 말할 수 있다. 엄마 입장에서 '우·수·반' 활동을 아주 쉽게 진행했는데, 아이가 이해하지 못한 것 같으면 의문이 든다. '쉽고 심지어 재미있는데, 왜 못하지?'라는 생각이 든다. 아이들은 우리가 생각하는 것보다, 더 많이 반복해야 한다. 그렇기에 '쉽다'라는 걸 한 번에 이해한다는 뜻으로 받아들여선 안 된다. 줄넘기를 아무리 좋아하는 아이도 처음부터 쉽게 줄을 넘을 순 없

다. 여러 번 반복하고 몸에 익어야 쉽게 한 단을 뛰고, 다음에 두 단 뛰기로 넘어갈 수 있다. 이처럼 '우·수·반' 활동도 마찬가지다. 아이에게 쉽고, 해볼 만하다고 느껴지기 위해선 최소 세 번 이상은 반복해야 한다. 활동이 익숙해지면 아이는 자신감이 생기고, 반복하다 보면 능숙해진다. 이때 아이는 본인이 크게 힘들지 않게 할 수 있는, '쉽다'라는 감정을 느낀다. 이런 감정이 쌓이면 재미는 저절로 따라온다. '쉽다'라는 말 뒤에는 보이지 않는 반복이 숨어 있음을 기억하자.

## [세 번째 마인드] 규칙은 달라질 수 있다

학부모 강연에서 수학 보드게임에 관한 이야기를 나누면, 가장 많이 듣는 말 중 하나가 "아이가 규칙을 어려워해요."라는 말이다. 설명서에 적힌 방법을 아이가 어려워한다면 어떻게 해야 할까? 아주 간단하다. 규칙을 아이가 할 수 있게끔 조정하면 된다. '우·수·반' 활동 또한 마찬가지다. 아이가 어려워하거나 엄마가 더 좋은 생각이 떠올랐다면 얼마든지 활동 규칙과 말하기를 조정하면 된다. '우·수·반'은 어디까지나 예시일뿐이다. 여기서 더 기뻐할 만한 일은, 아이가 스스로 규칙을 만들어 보고자 하는 순간이다. '우·수·반' 활동에 익숙해진 아이들은 스스로 규칙을 만들고자 하는 마음도 생긴다. '이렇게 하면 게임이 더 재밌을 것 같은데!'라는 생각이 떠오르기 때문이다. 이 순간이야말로 '우·수·반' 활동의 의미가 가장 빛나는 순간이다. 아이의 창의력과 상상력이 폭발하면서 배움에 관한 호기심이 올라갔기 때문이다. 무언가를 익히는 것이 즐겁다고 느끼는 때다. 이 순간, 아이에게 "정해진 규칙이 있으니까, 그건 안 돼."라고 말해선 안 된다. 그러기 위해선, 규칙은 언제든지 달라질 수 있다는 마인드를 새겨 두자.

아이의 수학 실력은 하루아침에 완성되는 게 아니다. 하루하루 쌓이면서, 나아지는 것이다. 어떤 아이에겐 오늘의 실패가 수학을 더 잘하고 싶은 경험이 되지만, 어떤 아이에게는 수학과 담을 쌓게 만드는 경험이 될 수 있다. 이처럼 '우·수·반' 활동은 아이의 수학 내구력을 키워주는 일이라 생각해 주면 좋겠다. 아이가 스스로 학습을 주도하는 날은 분명히 온다. 생각보다 '우·수·반' 활동을 할 수 있는 시기는 길어야 3~4년 정도다. 이 시기에 엄마와 함께 차곡차곡 쌓아온 수학에 대한 긍정적 경험이, 훗날 아이가 수학을 포기하지 않을 힘이 된다. 세 가지 마인드를 기억하고, 내일도 다시 해 보자. 오늘 했다면, 오늘 한 나를 칭찬해 주고, 내일 할 거면, 내일 해 보려는 나를 마음껏 칭찬해 주자.

## 수학 심화반을 위한 수 영역별 보드게임

| 수학 영역 | 보드게임 | 설명 | 수학적 개념 | 추천 이유 |
|---|---|---|---|---|
| 수와 연산 | 리틀빈 기적의 연산편 | 연산식을 완성하여 점수를 얻는 연산 연습 보드게임 | 사칙 연산, 수 조합, 연산 유창성 | 연산 반복이 필요한 저학년에게 게임형식의 연산연습 제공 |
| | 렉시오 (Lexio) | 숫자 타일을 조합하여 수의 조합과 크기를 비교하는 카드게임 | 수 비교, 수 조합, 전략적 판단 | 게임 속 수 조합으로 수 감각과 수구조적 사고 훈련 가능 |
| | 몰키 (Molkky) | 숫자 막대를 던져 합산 점수를 50점에 정확히 맞추는 야외 게임 | 수 조절, 덧셈 전략, 수감각 | 즐겁게 몸을 움직이며 수 조절 능력을 훈련할 수 있는 게임 |
| 변화와 관계 | 오키도키 원정대 | 숫자·색·동작 규칙을 찾아 상자 속 보물을 획득하는 게임 | 규칙성, 순서 추론, 조건 판단 | 규칙 찾기와 논리 추론이 게임 속에 자연스레 녹아 있고 보물을 찾는 재미가큼 |
| | 타임라인 (Timeline) | 숫자·연도·사건의 순서를 맞추는 추론형 카드게임 | 순서추론, 관계추측, 시간 개념 | 사건 추론과 시간 감각을 재미있게 훈련할 수 있음 |
| 도형과 측정 | 라쿠카라차 | 회전 장치를 돌려 로봇 벌레의 이동 경로를 유도하는 게임 | 회전, 방향 감각, 공간 예측 | 도형 회전과 방향 개념을 체험하며 익힐 수 있음 |
| | 폴드잇 (Fold-it) | 주어진 조건에 따라 종이를 접어 음식 그림을 완성하는 퍼즐게임 | 도형 분할·합성, 대칭 구성, 공간 구상 | 평면 도형 개념을 구체적으로 익힐 수 있음 |
| 자료와 가능성 | 다이스택 | 주사위 수를 조합해 점수를 쌓아가는 전략 주사위 게임 | 확률 예측, 수 조합, 연산전략 | 전략과 확률 감각을 함께 기를 수 있는 몰입감 높은 확률게임 |
| | 점핑 다이스 | 세 가지의 주사위를 흔들며 동일한 그림 카드를 만들어 점수를 내는 게임 | 거리 조절, 가능성 판단, 자료 해석 | 손으로 주사위를 흔들며 수 판단과 가능성을 직관적으로 익힘 |

학급과 가정에서 직접 사용해 본 뒤 엄선한 심화 수학 게임들로, 즐거운 초등수학을 유지하게 해 준다.

## ② 수학 문제집? 알고 활용하면 100퍼센트의 아군

"그럼, 문제집은 안 풀어도 되나요?"

'우·수·반' 활동을 진행하다 보면 이런 의문이 생길 수 있다. 지금 풀고 있는 문제집을 그만 풀어야 하는 건지, 아니면 문제집을 추가해서 진행해야 하는 건지 말이다. 한마디로 말하자면, 문제집은 알고 활용하면 100퍼센트의 아군이 된다. 나 역시 '우·수·반' 활동을 아이들과 진행하고 있지만, 그렇다고 문제집을 풀고 있지 않은 건 아니다. 메인 요리는 '우·수·반' 활동이지만, 사이드 요리는 문제집이다. 우리가 한정식집에서 한상차림을 먹을 때를 생각해 보자. 메인 요리를 더욱 빛내줄 사이드 요리가 존재한다. 나는 문제집이 바로 그런 역할을 한다고 생각한다. '우·수·반' 활동에서 연습이 필요한 부분, 반복해야 하는 부분들을 문제집이 보완해 주는 역할을 한다. 또한, 문제집은 메인 요리를 더 맛있게 먹을 수 있도록, 메인 요리에서 부족한 영양소를 채워줄 수 있도록 도와주기도 한다. 문제집을 아군으로 삼는 활용법은 어떤 걸까?

### 100퍼센트 아군이 되는 문제집 활용법 세 가지

#### 1. 한 권을 끝까지 풀어보는 경험을 하려면

아이들과 함께 서점에 가 보자. 서점에 가면 아동 학습 코너가 마련되어 있다. 문제집이 유형별로 꼼꼼하게 분류되어 있다. 심지어 요즘은 문제집 종류나 개수가 선택이 힘들 만큼 많기도 하다. 나는 잘 만들어진 문제집을 푸는 것보다 중요한 건, 아이가 스스로 선택한 문제집을 끝까지 풀어 본 경험이라고 생각한다. 엄마가 미리 좋다고 판단한 문제집을 아이와 함께 풀어 보려고 해도, 생각보다 그 문제집을 완료한 경험은 많지 않을 것이다. 그 이유는 아이가 문제집을 왜 풀어야 하는지 동기를 느끼지 못했기 때문이다. 동기는 거창한 개념이 아니라, 내가 스스로 선택했는지 자율성에 관한 문제다. 한 권을 끝까지 풀어 보는 경험은 아이에게 큰 성취감을 준다. '내 선택에 대한 책임'을 다하는 감정을 느꼈기 때문이다. 서점에서 아이들에게 풀고 싶은 문제집을 살펴보는 기회를 주고, 그 문제집을 끝까지 완수하는 경험을 선물해 주자. 대부분 이런 경우, 아이들이 자신들이 좋아하는 캐릭터가 그려진 문제집을 선택하는 경우가 많다. 그래도 괜찮다. 우리 집 역시 수없이 많은 캐치 티니핑, 포켓몬스터, 터닝메카드 문제집을 풀었다. 캐릭터 문제집의 효능은 대부분 유아기 혹은 초등학교 저학년 정도까지 유효하다. 마음껏 이용하자.

### 2. 아이가 풀었으면 하는 문제집을, 아이가 선택하게 하는 방법

아이가 스스로 선택한 문제집을 한 권, 두 권 끝내보는 경험을 하게 되면, 엄마는 또 다른 고민에 빠진다. '계속 저렇게 둬도 괜찮을까?'라는 생각이 든다. 엄마가 살펴보았을 때 괜찮은 문제집이 존재하고, 아이에게 도움이 된다고 판단이 되기 때문이다. 이럴 때도 아이에게 선택권을 주면서 엄마가 풀었으면 하는 문제집을 추천할 수 있다. 우선 엄마가 아이에게 추천하고 싶은 문제집을 3권 정도로 추린다. 엄마는 아이에게 세 문제집의 장점을 설명하고, 그중 마음에 드는 문제집 1권을 고르라고 말한다. 아이는 엄마의 이야기를 들어보고, 3권 중 1권을 고른다. 이것 역시 자신의 의지로 골랐기 때문에, 엄마가 문제집 한 권을 선택해서 풀자고 하는 것보다 훨씬 큰 동기를 줄 수 있다.

### 3. 문제집 한 권을 제대로 푼다는 것의 진짜 의미

아이가 문제집을 풀다 보면 틀리는 문제가 반드시 나온다. 틀린 문제를 아이가 다시 한번 풀어보았는데도, 또 틀리는 경우가 있다. 이때부터 갈등이 시작된다. 이미 자신감을 잃은 아이와 어떻게든 모르는 문제 없이 설명해 주고 싶은 엄마 사이에서 일어나는 갈등이다. 아이는 엄마 설명을 듣다가 지치고, 엄마는 불량한 아이 태도를 보고 지친다. 그러다 보면 "역시 엄마표는 아무나 하는 게 아니네. 문제집은 학원 가서 풀라고 해야겠다."라는 마음으로까지 이어진다. 아이가 틀린 문제를 다시 봤는데도 모른다면, 그 문제는 지금은 잠시 쉬어야 하는 문제이다. 아이가 실제 개념을 이해하지 못했을 수도 있고, 그날의 아이 컨디션에 따른 문제일 수도 있다. 이때는 틀린 문제 위에 날짜를 적어두면 된다. 예를 들어, 9월 6일에 아이가 어려워하는 문제를 만났다면 그 문제 위에 9/6일이라고 적어둔다. 문제집 한 단원이 끝났을 때, 다시 한번 문제를 풀어 본다. 그때 또 틀린다면 해당 날짜를 다시 한번 적어 둔다. (예: 9월6일, 10월 12일) 만약 아이가 문제를 풀 수 있다면, 엄마와 아이가 정한 기호(별, 하트 등)로 표시해 둔다. 문제집 한 단원이 끝나고 새로운 단원으로 들어가기 전, 틀린 문제를 한 번씩 풀어본다. 그리고 문제집 한 권이 모두 끝났을 때 틀린 날짜가 적힌 문제들만 한 번 더 점검하면 된다. 아이가 틀린 문제를 모두 맞힐 수 있게 되었다면, 아이는 해당 문제집의 개념을 이해했다고 보아도 된다. 다음 단계의 문제집으로 넘어갈 차례다.

## 아군이 되는 수학 문제집 리스트

어떤 문제집을 아군으로 삼아야 할지 유형, 문제집, 추천 이유, 세 가지 항목으로 나누어서 아래에 소개하고자 한다.

| 유형 | 문제집 | 추천 이유 |
|---|---|---|
| 원리 | 7살 첫 수학 | 7살 첫 수학이 영역별 시리즈로 잘 나와 있음. 천천히 난도가 올라가고, 양도 적절하여 성취감을 주는 문제집. 바빠 교과서 연산과 바빠 수학 문장제로 초등 연계도 가능. |
| 원리 | 포켓몬 처음 수학 100일의 기적 | 포켓몬을 좋아하는 친구라면 흥미를 느끼고 도전할 수 있는 문제집. 수 세기, 덧셈과 뺄셈, 식 만들기까지 한 권으로 구성되어 있음. |
| 원리 | 캐치티니핑 홈스쿨 문제집 | 캐치 티니핑을 좋아한다면, 이 문제집을 살펴보자. 1-8단계까지 영역별로 나와 있음. 스티커를 붙이는 곳이 많아 꾸미는 걸 좋아하는 친구들은 흥미를 느낄 가능성이 큼. |
| 원리 | 기적의 유아 수학 | A, B, C 단계로 나뉘어져 있으며, 수 개념별로 촘촘하게 구성되어 있음. 양이 많다 느껴질 수 있지만, 차근히 풀다 보면 개념이 채워짐. |

| | | |
|---|---|---|
| 원리 | 그림으로 개념 잡는 유아 수학 | 유아기 수학에 필요한 7가지의 유형으로 묶어져 있는 문제집이며, [기초]-[연산]-[활용]과정으로 응용하며 나아갈 수 있음. 한 문제집에 각각의 목차로 들어가 있을 개념들이 한 문제집으로 엮어져 있어, 각 수학 개념에 대한 다양한 상황을 충분히 연습할 수 있다는 장점이 큼. 문제집 한 바닥의 문제 수가 적고 그림이 함께 제시되어 있어 직관적으로 풀기 쉬움. |
| 돈 계산 | 머니 수학 | 1~3과정까지 있으며, 돈에 관심이 생길 때 시작하면 좋은 문제집. 동전부터 시작해서 지폐까지 계산 방법을 익혀갈 수 있다. 돈을 계산하며 자릿수를 익히고, 네 자리 수의 덧셈과 뺄셈까지 경험할 수 있음. |
| 사고력 | 유아 자신감 수학 | 사고력 문제집을 처음 시작할 때 사용하기 좋으며 보드 마커로 쓰고 지우기 좋은 재질로 만들어짐. 스티커를 여러 번 사용 가능하다는 장점이 있으며, 총 4가지 문제집으로 구성되어 있어 아이의 난이도를 고려하여 선정이 가능함. 쓰고 그리는 활동을 좋아하는 아이에게 추천. |
| 사고력 | 즐깨감 | 문제수는 적고 그림이 많지만, 충분히 생각해야 하는 문제들로 구성되어 있다. 첫 문제집으로 풀기에는 어려울 수 있음. 수학을 좋아하고, 기본 문제집에서 한 단계 심화 문제집을 찾는 아이들에게 추천. |

| | | |
|---|---|---|
| 사고력 | 팩토슐레 | 1~3단계로 구성되어 있으며, 스티커를 붙이고 오리고, 뜯어보는 활동이 많은 놀이북 스타일. 문제만 적혀 있는 학습지 유형을 싫어하는 아이들에게 권하는 문제집. 엄마표 수학을 하고 있다고 느끼게 해 주지만, 엄마가 사전에 살펴보고 미리 오려두는 등의 준비와 부록 보관함이 따로 필요함. |
| 사고력 | 1031 키즈 | A~C단계가 있으며, 재밌게 시작하는 수학 놀이, 반복 학습, 사고력 문제까지 수학 개념에 대한 문제 구성이 잘 이루어져 있음. 아이가 차근히 난도를 높여가며 개념을 익힐 수 있는 문제집.<br>1031 수학 시리즈가 있어, 초등 사고력 수학 문제까지 연계 가능. |
| 사고력 | 기탄 가베놀이 265 | 가베 활용이 어려운 가정에서 활용하기 좋은 문제집. 1가베~10가베, 준가베1~준가베2까지 총 4권으로 구성되어 있음. 가베에 대한 설명, 가베와 연관된 동화가 있어 아이가 재미를 느낄 수 있음. 가베를 직접 이용하여 놀이하고, 스티커를 붙이는 활동을 통해 수학 개념을 이해함. 하루 15분 콘셉트라 부담 없이 시작하기 좋음. |
| 사고력 | 기탄 가베수학 | 1단계~5단계가 있으며, 기탄 가베놀이 265보다 문제 개수가 적음. 가베놀이 265를 마치고, 복습 교재로 사용하기 좋음. 수학 스트리텔링, 스티커 활동 등이 많아 재밌게 교재를 풀 수 있음. |

# ③ 수 영역별 절친 수학 동화 리스트

"엄마! 합이 뭔데?"

"아! 합이 뭐냐면 말이지."

아이의 질문에 청산유수로 대답해 주고 싶지만, 그렇지 못할 때가 많다. 심지어 '이렇게 설명하는 게 맞나?'라는 의문이 들 때도 있다. 육아는 언제나 라이브로 진행되는 일상이기 때문이다. 실수한 부분을 잠시 멈추고 오려낼 수도 없고, 되감기를 해서 다시 말할 수도 없다. 아이는 미처 예상치 못한 질문을 하고, 우리는 당황한 나머지 아쉬운 답변을 하곤 한다. 뒤돌아 생각하면 "그때 이렇게 말할걸!" 하는 후회만 남는다.

그럴 땐 수학 동화를 함께 활용해 보는 걸 추천한다. 수학 동화는 일상의 친근한 소재를 활용하여, 수학적으로 해결하는 내용을 담고 있다. 이를 통해 수학의 추상적인 개념을 아이들에게 쉽게 풀어 전달한다. 그야말로 '우·수·반'의 절친이라고 말할 수 있다.

아이와 수학 동화를 읽으면서 관련된 '우·수·반' 활동을 복기하고, 설명하기 어려웠던 개념을 자연스럽게 전달해 보자. 수와 연산, 도형과 측정, 변화와 관계, 자료와 가능성 네 가지 영역별로 추천 리스트와 내용을 적었다. 관련 '우·수·반' 개념도 함께 첨부해 두었으니, '우·수·반' 활동을 마친 뒤 연계 독서를 통해 아이의 수학적 사고를 확장해 주자.

| 수와 연산 | | | | |
|---|---|---|---|---|
| 도서 | 출판사 | 지은이 | 내용 | '우·수·반' 개념 |
| 처음 만나는 수학 그림책 | 북뱅크 | 글·그림: 미야니시 다쓰야<br>옮김: 김숙 | 숫자별 외계인이 내는 문제를 맞히다 보면 어느새 1-10까지의 수 세기가 술술 | 수 세기 |
| 괜찮아, 아저씨 | 비룡소 | 글·그림: 김경희 | 머리카락이 점점 빠져도 기발한 상상력으로 예쁜 머리모양을 만들어 내는 긍정왕 아저씨에게 배우는 수 세기! | 수 세기 |
| 딱 하나만 잘 세면 되는 참 쉬운 책 | 사파리 | 글: 캐스퍼 샐먼,<br>그림: 맷 헌트<br>옮김: 노은정 | 수 세기를 싫어하는 아이도 이 그림책은 무조건 좋아하는 이유는? 딱 하나만 세면 되기 때문! 재치와 위트가 넘치는 그림책. 아이들에게 하나 이상의 수 세기에 흥미를 붙일 수 있다! | 수 세기 |
| 숫자가 사라졌어요 | 웅진 주니어 | 글·그림: 로렌 리디<br>옮김: 노은정 | 달력, 전화기, 우표, 돈, 컴퓨터, 텔레비전… 숫자가 없으면 모두 쓸 수 없다는 사실! 수에 대한 필요성을 알게 해 주는 그림책 | 수 세기 |
| 숫자를 구해주세요 | 우리교육 | 글: 애쉴리 N. 소렌슨<br>그림: 데이비드 W 마일즈<br>옮김: 김지연 | 아무도 숫자를 불러주지 않아 꽁꽁 얼어붙은 숫자들! 읽고 따라 쓰고 입김을 후후 불어 주면 꽁꽁 얼어붙은 숫자들을 녹여 주는 그림책. 오감을 이용한 숫자 세기를 느껴 보자! | 수 세기 |

| 제목 | 출판사 | 글/그림/옮김 | 내용 | 주제 |
|---|---|---|---|---|
| 원숭이 기차 | 주니어 RHK | 글·그림: 우시코보 료타<br>옮김: 고향옥 | 바나나를 차표로 받는 원숭이 기차! 기차 칸 숫자와 동물의 숫자를 세어 보자! | 수세기 |
| 문어 팬티 | 천개의 바람 | 글: 수지 시니어<br>그림: 클레어 파월<br>옮김: 한미숙 | 문어 다리에 맞는 팬티를 찾을 수 있을까? 문어 다리를 세며 팬티 찾기 대작전! | 수세기 |
| 날아라 숫자 0 | 봄나무 | 글: 조앤홀럽<br>그림: 탐 리히텐헬드<br>옮김: 이혜선 | 도넛, 양파링, 알파벳으로 오해 받는 숫자 0. 그럼에도 위풍당당 숫자가 되고 싶은 0.0의 진정한 의미와 쓰임새를 알 수 있는 그림책! | 숫자0 |
| 소 키우는 코키나와 | 그레이트 북스 | 글: 이선영<br>그림: 배수연 | 개념씨 수학나무 시리즈 중 하나. 수를 알게 되니 이렇게 편할 수가! 돌멩이를 하나씩 늘려가며 알아가는 수의 세계. 1만큼 더 큰 수, 1만큼 더 작은 수도 직관적으로 볼 수 있는 그림책 | 1만큼 더 큰 수<br><br>1만큼 더 작은 수 |
| 괴물 나라 수학 놀이 많을까? 적을까? | 키즈엠 | 글: 로리 커포티<br>그림: 칩 워스<br>옮김: 최용은 | 수를 이렇게 재밌게 비교해 주는 괴물들이 있다니! 어려운 부등호 개념까지 그림책을 통해 자연스럽게 익혀진다. | 수의 비교 |
| 100층짜리 집 | 북뱅크 | 글·그림: 이와이 도시오<br>옮김: 김숙 | 100까지의 수를 이렇게 재밌게 알 수 있다니! 바닷, 늪, 하늘, 숲속, 지하 등에 사는 동물들을 살펴보며 100층까지 올라가 보자! | 100까지의 수 |

6장

| 제목 | 출판사 | 글/그림 | 내용 | 분류 |
|---|---|---|---|---|
| 백만 개의 점이 만든 기적 | 시원주니어 | 글·그림:스벤 볼커 | 1 + 1 = 2, 2 + 2 = 4 … 32,788+32,768의 답은? 1+1에서 시작해서, 백만까지 도전할 수 있는 그림책! 숫자의 양을 나타내는 동물, 물건 등을 확인하며 수의 양감도 느낄 수 있는 그림책! | 100까지의 수 |
| 엄마 오기 100초 전! | 제제의숲 | 글·그림:김윤정 | 엄마가 외출한 사이 온 집안의 물건을 꺼내어 실컷 놀고 있었는데, 엄마가 올 시간이 얼마 남지 않았다는 사실을 안다면? 엄마에게 혼나지 않기 위해 부리나케 집을 치워야 하는 상황! 100초 타이머를 맞춰 두고 엉망진창 집을 치우는 남매를 응원하게 되는 그림책. 긴박감 넘치게 100에서 0까지 세어 보게 되는 그림책! | 100까지의 수 |
| 임금님이 돌아오기 100초 전! | 길벗스쿨 | 글, 그림: 가시와바라 가요코<br>옮김: 김연수 | 임금님이 외출한 사이 경비병 4명이 임금님 방에서 신나게 놀던 중, 임금님이 일찍 돌아오는 걸 창문을 통해 발견하게 된다. 숨 가쁘게 치우기 시작하지만, 임금님 방을 깨끗하게 원상복구 할 수 있을까? 경비병들과 함께 숫자를 외치며, 어떤 물건이 아직 치워지지 않았는지 찾는 재미가 있는 그림책! | 100까지의 수 |
| 아기오리 열두 마리는 너무 많아! | 길벗 어린이 | 글: 채인선<br>그림: 유승하 | 아기 오리 12마리가 너무 많다고 생각하는 엄마 오리! 아기 오리를 2줄씩, 4줄씩 줄을 세워 가르기를 해 보면 어떨까? | 가르기와 모으기 |

| | | | | |
|---|---|---|---|---|
| 덧셈놀이 | 미래아이 | 글·그림:로렌리디<br>옮김: 천정애 | 로렌 리디의 지식 그림책 시리즈 중 하나. 첨가, 받아올림이 없는 덧셈, 합병, 돈, 계산식 만들기, 검산이 모두 들어가 있는 수학 지식책. 교실과 일상의 상황을 통해 덧셈을 알려주어 지루하지 않고 유용하다! | 덧셈 |
| 뺄셈놀이 | 미래아이 | 글·그림:로렌리디<br>옮김: 천정애 | 로렌 리디의 지식 그림책 시리즈 중 하나. 뺄셈의 개념, 받아내림이 있는 뺄셈, 돈에 대한 개념이 모두 들어가 있는 수학 지식책. 학교 축제날을 배경으로 뺄셈의 기초를 차근히 알아갈 수 있는 그림책! | 뺄셈 |
| 일곱 마리 강아지 | 기린미디어 | 글:매들린 타일러<br>그림:에이미 리<br>옮김:차정민 | 몬스터 수학 시리즈 중 하나. 강아지 7마리를 친구들에게 하나씩 주면서, 자연스럽게 뺄셈과 식을 익히는 이야기! | 뺄셈 |
| 세라 선생님과 줄서 선생님 | 시공주니어 | 글:박정선<br>그림:이해정<br>옮김:조형숙 | 세세 유치원 아이들이 정리를 잘하기 위한 비법은? 묶어세기의 필요성을 알며, 곱셈의 기초 배우기 | 묶어세기<br>(곱셈) |
| 공포의 구구단 | 다림 | 글, 그림:미우 | 구구단을 싫어하는 아이가 할머니 집에 가서 구구단을 좋아하게 된 신비로운 이야기!<br>아홉 종류의 한국 요괴들이 구구단을 어떻게 풀어나갈까? 곳곳에 숨겨져 있는 아홉 종류의 요괴들을 찾다 보면, 어느새 구구단에 대한 흥미가 쑤욱 올라간다! | 묶어세기<br>(곱셈) |

| 도서 | 출판사 | 지은이 | 내용 | '우·수·반' 개념 |
|---|---|---|---|---|
| 곱셈놀이 | 미래아이 | 글·그림: 로렌 리디<br>옮김: 천정애 | 로렌 리디의 지식 그림책 시리즈 중 하나. 아이들이 좋아하는 유령, 마녀, 박쥐, 해골 등의 이야기로 꾸며진 곱셈 이야기! 지식책 느낌이 나지만, 곱셈을 차근차근 알아가기엔 충분히 재밌다. | 곱셈 |
| 감기걸린 물고기 | 사계절 | 글·그림: 박정섭 | 물고기가 감기에 걸렸다는 거짓 소문이 돈다! 누가 걸렸고, 누구는 걸리지 않았을까? 감기라는 소재로 물고기들을 묶고, 낱개를 살펴볼 수 있는 그림책 | 묶음과 낱개 |
| 자꾸 자꾸 초인종이 울리네 | 보물창고 | 글·그림: 팻 허친스<br>옮김: 신형건 | 초인종이 울릴 때마다 친구 한 명이 등장! 엄마가 구워 준 쿠키는 정해져 있는데 친구와 나눠 먹어야 하는 상황! 쿠키가 자꾸 줄어들어서 슬프지만, 반전이 있다. 나눗셈에 대해 알 수 있는 재밌는 그림책! | 나눗셈 |

| 도형과 측정 ||||||
|---|---|---|---|---|
| 도서 | 출판사 | 지은이 | 내용 | '우·수·반' 개념 |
| 블록친구 | 키다리 | 글·그림:<br>이시카와 코지<br>옮김: 김정화 | 블록의 변신은 무죄! 블록으로 해결하지 못할 일은 없다! 도형에 대한 흥미를 불어넣을 그림책 | 기본 도형 |

| | | | | | |
|---|---|---|---|---|---|
| 딱 한 번만 더! | 미운오리 새끼 | 글: 나오미 존스<br>그림: 제임스 존스<br>옮김: 김여진 | 다른 도형처럼 동그라미로 탑을 높이 쌓아보고 싶은 동그라미! 과연 성공할 수 있을까? 기본 도형과 함께 도전 정신을 배울 수 있는 그림책 | 기본 도형 |
| 욕심꾸러기 삼각형 | 보물창고 | 글: 매릴린 번스<br>그림: 고든 실베리아<br>옮김: 신형건 | 삼각형은 다양한 곳에서 일을 하고 있지만, 자신이 하는 일이 따분하다 느끼는데.. 변과 각 하나를 더해가며 모습이 바뀌는 삼각형을 통해 다각형을 이해할 수 있는 그림책! | 삼각형<br>사각형<br>다각형 |
| 고양이 칠교놀이 | 이음 | 글: 마런쿠 링<br>그림: 마르타인 린던<br>옮김: 최인숙 | 책 안에 칠교 퍼즐이 함께 들어 있는 일석이조의 그림책! 정사각형을 일곱 조각으로 나누어 다양한 모양을 만들고 놀 수 있는 오감 칠교 놀이책이다. 칠교 조각으로 고양이, 물고기 등을 만들며 스토리를 따라가 보는 재미가 있다. | 평면도형 |
| 키키네 수학 유치원 ⑩신기한 입체도형 | 비룡소 | 글: 이범규<br>그림: 윤정주 | 키키네 수학 유치원 수학 동화 시리즈 중 하나. 키키와 친구들이 입체도형 우주선을 타고, 우주를 탐험하며 입체도형을 만난다! | 입체도형 |

| | | | | |
|---|---|---|---|---|
| 동그라미 세모 네모 나라의 임금님 | 제제의숲 | 글: 고스기 사나에<br>그림: 다치모토 미치코<br>옮김: 혜원 | 모양을 좋아하는 임금님! ○△□ 모양을 요리조리 돌리고, 뒤집어 보면서 성 안을 꾸며볼까? | 도형돌리기<br>밀기<br>뒤집기 |
| 발 하나는 얼마나 클까요? | 이음 | 글·그림: 롤프 마일러<br>옮김: 최인숙 | 옛날 한 왕이 왕비의 생일 선물로 폭신한 침대를 선물해 주고 싶었는데, 왕비에게 딱 맞는 침대 길이를 알 수가 없는 상황! 곤경에 처한 목수가 사용한 방법은 바로 임의 단위! 어떻게 위기를 극복했을까? | 임의단위 |
| 참, 넓기도 넓다! | 아람 | 글: 유가은<br>그림: 김용철 | 자 없이도 길이를 잴 수 있는 방법은? 방석, 멍석, 화선지 등 옛날 우리 생활을 살펴볼 수 있는 물건으로 길이를 재는 재미가 쏠쏠! | 길이재기 |
| 코끼리 치마는 너무 짧아 | 교원올스토리 | 글: 이규희<br>그림: 이덕진 | 솔루토이 수학 그림책 시리즈 중 하나. 염소 할머니께 한복을 맡겼는데 길이가 전부 다른 이유는? 임의 단위와 표준 단위에 대해 알 수 있는 그림책! | 길이재기 |
| (앞뒤로 보는 첫 수학그림책) 앗, 고래 길이가 궁금해! | 로이북스 | 글·그림: 앨리슨 리 멘타니<br>옮김: 조민임 | 앞에는 한글, 뒤에는 영어로 구성된 일석이조 그림책. 동물을 사랑하는 아이라면 동물을 길이 단위로 사용한 길이 재기에 빠질 것이다. | 길이재기 |

| 도서 | 출판사 | 지은이 | 내용 | '우·수·반' 개념 |
|---|---|---|---|---|
| 시계 임금님 | 주니어 RHK | 글: 고스기 사나에<br>그림: 다치모토 미치코 | 시간을 지키기 싫어진 시계 임금님이 시곗바늘을 숨겨버리자 어떤 일이 일어났을까? 시간의 필요성과 시계 보기의 중요성을 알게 해주는 그림책! | 시계 보기 |
| 콩닥콩닥 시계 보기 | 살림어린이 | 글·그림: 황근기 | 시간을 잘 지키려면 시간을 볼 수 있어야 한다는 사실! 시계의 쓰임과 종류, 자명종 맞추는 방법까지 알게 되는 그림책! | 시계 보기 |
| 우리 시계탑이 엉터리라고? | 시공주니어 | 글: 박정선<br>그림: 권송이 | 네버랜드 수학 그림책 시리즈 중 하나. 시계 보는 방법을 시계 장수가 차근차근 알기 쉽게 알려주는 그림책! | 시계 보기 |

## 변화와 관계

| 도서 | 출판사 | 지은이 | 내용 | '우·수·반' 개념 |
|---|---|---|---|---|
| 괴물 나라 수학 놀이 규칙을 찾아라! | 키즈엠 | 글: 로라 커포티<br>그림: 칩 워스<br>옮김: 손시진 | 괴물의 생일파티에 일어나는 즐거운 규칙 찾기 놀이! 고깔 모자 모양, 생일 케이크 꾸미기, 선물 상자 높기 등 규칙 찾는 재미에 빠질 수 있는 그림책 | 규칙 찾기 |
| 반짝반짝 목걸이 만들기 | 기린미디어 | 글: 매들린 타일러<br>그림: 에이미 리<br>옮김: 이계순 | 몬스터 수학 시리즈 중 하나. 고양이 패치가 친구들을 위해 예쁜 목걸이를 만든다. 모양과 색 규칙에 따라 만드는 반짝반짝 목걸이! 정답이 뭘까? 함께 대답하는 그림책! | 규칙 찾기 |

| 도서 | 출판사 | 지은이 | 내용 | '우·수·반' 개념 |
|---|---|---|---|---|
| 그 다음은 뭘까? | 그레이트북스 | 글:조지은<br>그림:김성은 | 내 친구 수학공룡 시리즈 중 하나. 고양이 페페와 색깔, 모양, 크기, 소리, 동작 규칙을 알아볼까? 다양한 패턴이 소개되어 있어 재밌다. | 규칙 찾기 |
| 키키네 수학 유치원 ⑤꼬치꼬치 떡꼬치 | 비룡소 | 글:이범규<br>그림:이정주 | 키키네 수학 유치원 시리즈 중 하나. 책 안에 다양한 문제 상황이 존재한다. 그걸 해결하기 위해선 규칙을 파악해서 해결해야 한다! 아이와 함께 문제를 풀어가는 그림책! | 규칙 찾기 |

### 자료와 가능성

| 도서 | 출판사 | 지은이 | 내용 | '우·수·반' 개념 |
|---|---|---|---|---|
| 정리를 부탁해 | 그레이트북스 | 글:남현희<br>그림:이나르 | 내 친구 수학공룡 시리즈 중 하나. 옷 가게를 하려는 사자 아저씨를 도와주는 동물 친구들. 모양, 색깔, 종류, 무늬에 따라 나눠볼까? | 단순 분류 |
| 키키네 수학 유치원 ④우리는 분류대장 | 비룡소 | 글:윤정주<br>그림:이범규 | 키키네 수학 유치원 시리즈 중 하나. 빨래가 보통 일이 아니지? 빨랫감을 색깔로 분류하고, 윗옷과 아래옷을 구분하고, 종류에 맞게 정리까지! 생활 속에서 일어나는 분류를 배울 수 있는 그림책 | 복합 분류 |
| 뽀리의 모조리 나무 | 그레이트북스 | 글:남현희<br>그림:김아현 | 내 친구 수학공룡 시리즈 중 하나. 두 가지 이상의 분류를 연습할 수 있는 그림책. 빨간색인데 세모, 노란색에 동그랗고 줄무늬가 있는! 함께 찾아볼까? | 복합 분류 |

| | | | | |
|---|---|---|---|---|
| 어떤 계절이가 장 좋아? | 교원올스토리 | 글: 이지현<br>그림: 이남구 | 솔루토이 수학 시리즈 중 하나. 가족들이 좋아하는 색깔을 표로 만들었더니 숫자와 한글을 모르는 동생이 자기도 알고 싶다고 한다! 어떤 방법을 써야 할까? 표와 그림그래프를 알 수 있는 푸근한 그림책! | 표와 그림 그래프 |
| 하나씩 놓아요 | 그레이트 북스 | 글: 조지은<br>그림: 양혜민 | 내 친구 수학공룡 시리즈 중 하나. 거북이가 겪는 재밌는 일화를 통해 그림그래프의 필요성과 그림그래프를 그리는 방법을 알 수 있는 그림책! | 그림 그래프 |

**에필로그**

# 좋아하는 마음 하나면 충분합니다

"엄마! 제발 한 번만 더 하자!"

아이와 하는 활동 중에 가장 듣기 좋은 말이 아닐까 싶다. 아이가 스스로 또 하고 싶은 마음이 드는 것. 아이의 '자율적인 마음'에 기반을 두고 이루어지는 활동에는 강력한 힘이 있다. 힘들어도 또 하고 싶은 마음, 알아가는 재미를 깨닫는 마음, 꼭 해내고 싶은 마음이 동시에 따라오기 때문이다. 우리의 감정은 생각에 커다란 영향을 미친다. 이를 잘 설명한 이론 하나가 있다. 바바라 프레드릭슨(Barbara Fredifrickson) 심리학자의 '긍정적 사회 정서의 확장과 구축 이론(Broaden-and-Bulid Theory of Positive Emotion)'이다. 긍정적 정서의 확장과 구축 이론에서 긍정적 감정을 경험하면 창의적이고 유연한 사고가 촉진된다고 말했다. 긍정적 정서가 개인의 사고와 행동을 확장(broaden)하고, 장기적으로는 신체적, 지적, 심리적, 사회적 자원을 구축(build)하는 데 기여한다고 설명했다. 이 이론은 긍정적 정서가 단순히 순간적인 행복감을 주는 것에 그치지 않고, 개인의 삶에 중요한 역할을 한다고 강조하는 게 특징이다. 이를 아이의 긍정적인 수학 정서와도 연결해 보자. 아이가 수학에 대해 느끼는 긍정적인 정서는, 수학에 대한 유연하고 창의적인 사고를 확장(broaden)하고, 이는 수학을 대하는 아이의 태도를 폭 넓게 구축(bulid)한다. 그리고 바로 엄마인 우리야말로 아이의 수학에 대한 긍정적인 정서의 첫 번째 단추를 끼울 수 있는 막대한 영향을 가진 사람이다. 그런데 아이의 첫 단추를 끼울 사람이 나라니, 갑자기 부담스러워지기 시작한다. 이 부담을 내려놓을 방법은 없을까?

"제발 한 장만 더 풀자!"

하루에 15분 이상 꾸준히 수학 문제를 푸는 것이 아이의 습관 형성에 좋다는 말을 듣고, 한 장만 더 풀어보자고 아이를 어르고 달래는 일은 누구나 해 보았을 것이다. 그리고 아마도 아주 많은 엄마가 매일 큰 에너지를 들여가며 지금도 하고 있을 일이다. 4~7세 시기에 처음부터 아이를 수학 학원에 보내는 엄마는 적다. 아마도 집에서 시도를 해보았지만, 생각보다 아이가 따라주지 않고 엄마도 체계적으로 엄마표 수학을 진행하는 게 수월하지 않아 선택한 차선책일 확률이 높다. 우리는 모두 엄마가 되는 순간 수학을 다시 만나는 시간을 가진다. 이 시기를 잘 보내야 하는 것은 아이만이 아니라 엄마에게도 마찬가지다. 엄마가 되어 수학을 다시 한번 접하게 되는 이 순간이, 엄마에게도 후회와 좌절감으로 얼룩지지 않았으면 하는 마음이다. 긍정적인 수학 정서는 아이 혼자 쌓을 수 있는 게 아니다. 정서란 오랜 시간에 걸쳐 만들어지기 때문이다. 그런데 함께하는 엄마가 힘들고 괴로우면 지속할 수 없다. 그래서 아이와 엄마가 함께 수학에 대한 긍정적인 정서를 쌓아갈 수 있는 이 책을 만들었다. 이 책을 처음 구상할 때는 수학 보드게임을 교구로 활용하는 방법을 떠올렸다. 수학 보드게임의 장점을 두루두루 알고 있었기 때문이다. 수학 보드게임 하나를 구매하면 비용도 비용이지만, 놓아둘 공간도 함께 지불해야 한다는 걸 누구보다 잘 알고 있었다. 그래서 단순히 보드게임이 좋다고 소개하는 것보다, 이 보드게임을 교구로 활용하는 방법을 소개했다. 그런데 쓰다 보니 보드게임을 구매하고 싶지 않은 엄마의 마음도 보였다. 비슷한 효과를 내지만 보드게임 없이도 수학 개념에 도달하는 방법을 제시해야겠다는 결심이 들었다. 그렇게 부담 없이 집에 있는 물건과 꾸러미를 활용한 '엄마가 알려주는 수학놀이'와 보드게임으로 연계할 수 있는 '보드게임으로 수학 놀이'가 탄생했다.

   아이의 긍정적인 수학 정서를 쌓아주기 위해선, 엄마도 수학에 대한 긍정적인 정서를 가져야 한다. 긍정적인 수학 정서를 제공하는 주체가 '엄마'이기 때문이다. 유아 수학이라고 해서 마냥 쉽지만은 않다. 나에게 당연한 것을 아이도 당연하게 여기도록 이해시키기란 어렵기 때문이다. 쉬운 걸 쉽게 설명하는 게 세상에서 가장 어렵다는 건, 아이를 가르치는 첫 번째 교육자인 엄마가 되어보면 느낄 수 있다. 수학 교육이란, 1 + 1 = 2라는 지극히도 당연하고 쉬운 답을, 아이와 함께 찾아가는 여정이다. 엄마가 수학을 즐겁게 다시 만나는 긍정적인 시간을 통해, 엄마 역시 수학에 대한 성공 경험을 차곡히 쌓아갔으면 하는 마음이다. 이 시간을 통해 아이와 쌓은 몇 겹의 추억은 몇 장의 수학 문제집과는 비교도 되지 않을 것이다. 아이의 수학 정서는 엄마의 긍정적인 수학 정서를 통해서 쌓을 수 있다는 걸 기억하자. 이를 위해 수학과 씨름하는 엄마의 마음이 조금은 편해지길 바라는 마음을 가득 담았다. 엄마의 마음이 채워져야 아이에게 온전한 사랑이 흘러간다는 사실을 믿기 때문이다. 오늘도 아이와 기꺼이 고군분투하기 위해 하루를 시작하는 모든 엄마에게 응원의 마음을 보낸다. 시작했다는 것 자체가 멋진 일이라는 걸 기억해 주길 바란다.

새벽녘 거실에서<br>
임가은 드림

# 부록
# 임가은표
# 우·수·반 수학 꾸러미

하늘색 외곽선을
따라 오려주세요.
간단하고 확실한
수학교구가 됩니다.

### 우·수·반 꾸러미(1) 수 수직선

| 1 | 2 | 3 | 4 | 5 | 6 | 7 | 8 | 9 |

### 우·수·반 꾸러미(2) 10의 보수표

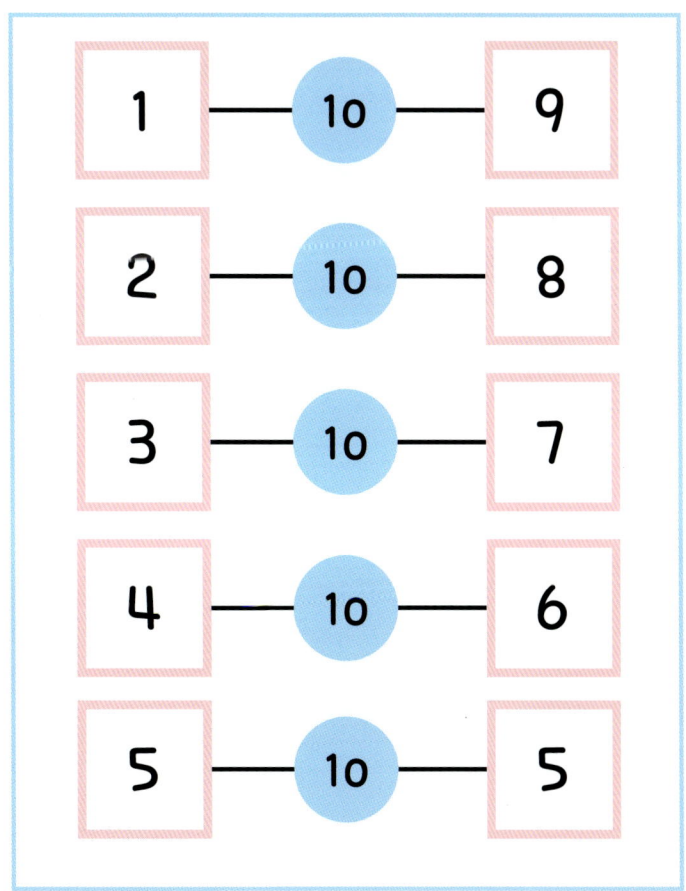

### 우·수·반 꾸러미(3) 10의 숫자카드

| 1 | 2 | 3 | 4 | 5 | 6 |
|---|---|---|---|---|---|
| 7 | 8 | 9 | 10 | 0 | |

### 우·수·반 꾸러미(6) 사칙연산 카드

### 우·수·반 꾸러미(8) 나눗셈 어휘 카드

| 나누어지는 수 | 나누는 수 | 나머지 |
|---|---|---|

### 우·수·반 꾸러미(4) 수백판

| 1 | 2 | 3 | 4 | 5 | 6 | 7 | 8 | 9 | 10 |
|---|---|---|---|---|---|---|---|---|---|
| 11 | 12 | 13 | 15 | 15 | 16 | 17 | 18 | 19 | 20 |
| 21 | 22 | 23 | 24 | 25 | 26 | 27 | 28 | 29 | 30 |
| 31 | 32 | 33 | 34 | 35 | 36 | 37 | 38 | 39 | 40 |
| 41 | 42 | 43 | 44 | 45 | 46 | 47 | 48 | 49 | 50 |
| 51 | 52 | 53 | 54 | 55 | 56 | 57 | 58 | 59 | 60 |
| 61 | 62 | 63 | 64 | 65 | 66 | 67 | 68 | 69 | 70 |
| 71 | 72 | 73 | 74 | 75 | 76 | 77 | 78 | 79 | 80 |
| 81 | 82 | 83 | 84 | 85 | 86 | 87 | 88 | 89 | 90 |
| 91 | 92 | 93 | 94 | 95 | 96 | 97 | 98 | 99 | 100 |

## 우·수·반 꾸러미(5) 자릿수 카드

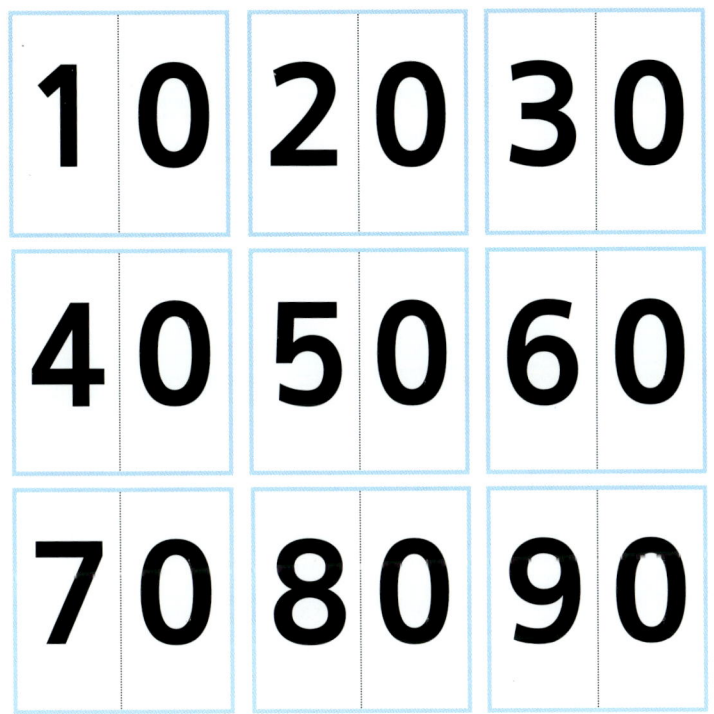

## 우·수·반 꾸러미(9) 숫자 자

| 1 | 2 | 3 | 1 | 2 | 3 | 1 | 2 | 3 | 1 | 2 | 3 |

| 9 | 8 | 7 | 9 | 8 | 7 | 9 | 8 | 7 | 9 | 8 | 7 |

| 8 | 4 | 5 | 8 | 4 | 5 | 8 | 4 | 5 | 8 | 4 | 5 |

## 우·수·반 꾸러미(7) 빙고판

| 1 | 12 | 4 | 10 | 18 |
|---|---|---|---|---|
| 5 | 6 | 20 | 25 | 30 |
| 2 | 12 | 24 | 30 | 36 |
| 8 | 20 | 12 | 15 | 6 |
| 4 | 16 | 10 | 24 | 3 |

### 우·수·반 꾸러미(10) 모양자

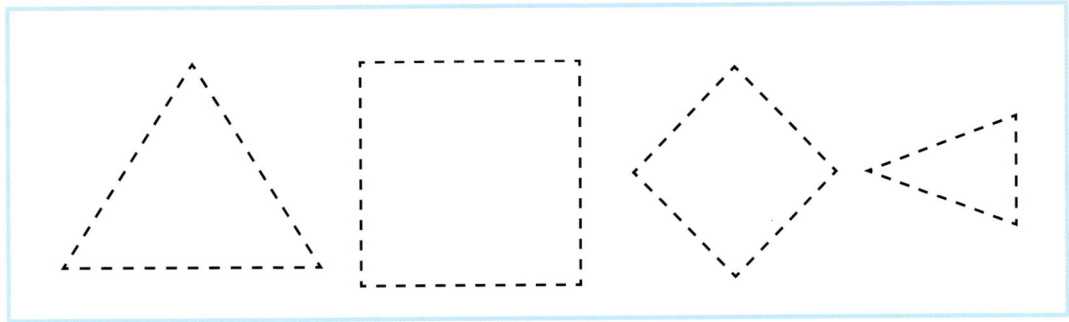

▶ 점선을 따라 오려내셔서 모양자를 만들어주세요.

### 우·수·반 꾸러미(11) 쌓기나무

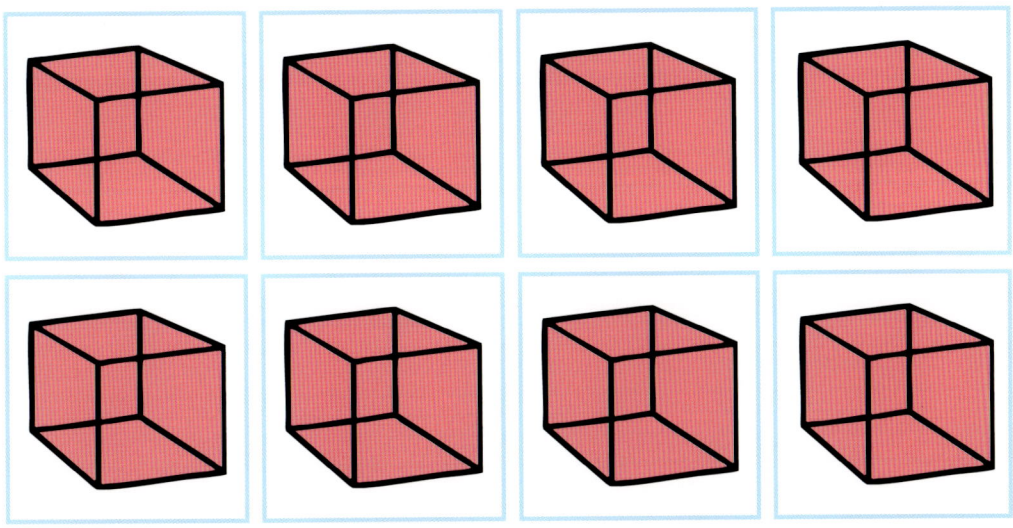

## 우·수·반 꾸러미(12) 색 분류 활동집